NEW
VIEWS

地圖大數據

國家圖書館出版品預行編目（CIP）資料

New Views 地圖大數據：自然、政治、人文景觀，50張地圖看懂
　瞬息萬變的世界／阿拉史泰爾‧邦尼特（Alastair Bonnett）著；
　顧曉哲譯. -- 初版. -- 臺北市：積木文化出版：家庭傳媒城邦分
　公司發行, 2018.01
　面；　公分

　譯自：New views
　ISBN 978-986-459-112-1（精裝）

　1.地圖學 2.地圖繪製

609.2　　　　　　　　　　　　　　　　　106018271

VX0052C

New Views 地圖大數據：自然、政治、人文景觀，50 張地圖看懂瞬息萬變的世界

原 文 書 名　NEW VIEWS
作　　　者　阿拉史泰爾‧邦尼特（Alastair Bonnett）
譯　　　者　顧曉哲
特 約 編 輯　陳錦輝

總　編　輯　王秀婷
主　　　編　廖怡茜
版　　　權　向艷宇
行 銷 業 務　黃明雪、陳彥儒

發　行　人　凃玉雲
出　　　版　積木文化
　　　　　　104 台北市民生東路二段 141 號 5 樓
　　　　　　電話：(02) 2500-7696 | 傳真：(02) 2500-1953
　　　　　　官方部落格：www.cubepress.com.tw
　　　　　　讀者服務信箱：service_cube@hmg.com.tw
發　　　行　英屬蓋曼群島商家庭傳媒股份有限公司城邦分公司
　　　　　　台北市民生東路二段 141 號 11 樓
　　　　　　讀者服務專線：(02)25007718-9 | 24 小時傳真專線：(02)25001990-1
　　　　　　服務時間：週一至週五 09:30-12:00、13:30-17:00
　　　　　　郵撥：19863813 | 戶名：書虫股份有限公司
　　　　　　網站：城邦讀書花園 | 網址：www.cite.com.tw
香港發行所　城邦（香港）出版集團有限公司
　　　　　　香港灣仔駱克道 193 號東超商業中心 1 樓
　　　　　　電話：+852-25086231 | 傳真：+852-25789337
　　　　　　電子信箱：hkcite@biznetvigator.com
馬新發行所　城邦（馬新）出版集團 Cite（M）Sdn Bhd
　　　　　　41, Jalan Radin Anum, Bandar Baru Sri Petaling, 57000 Kuala Lumpur, Malaysia.
　　　　　　電話：(603) 90578822 | 傳真：(603) 90576622
　　　　　　電子信箱：cite@cite.com.my

NEW VIEWS
First published in 2017 Aurum Press, an imprint of The Quarto Group
© 2017 Quarto Publishing plc.
Text © Alastair Bonnett
Text translated into Complex Chinese © 2018 Cube Press, a division of Cite Publishing Ltd., Taipei
All rights reserved

內頁排版　劉靜薏

2018 年 1 月 1 日　初版一刷
售　　價／ NT$680
ISBN 978-986-459-112-1
有著作權‧侵害必究

NEW
地圖大數據
VIEWS

自然、政治、人文景觀，50 張地圖看懂瞬息萬變的世界

阿拉史泰爾‧邦尼特（ALASTAIR BONNETT）／著

顧曉哲／譯

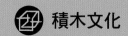

積木文化

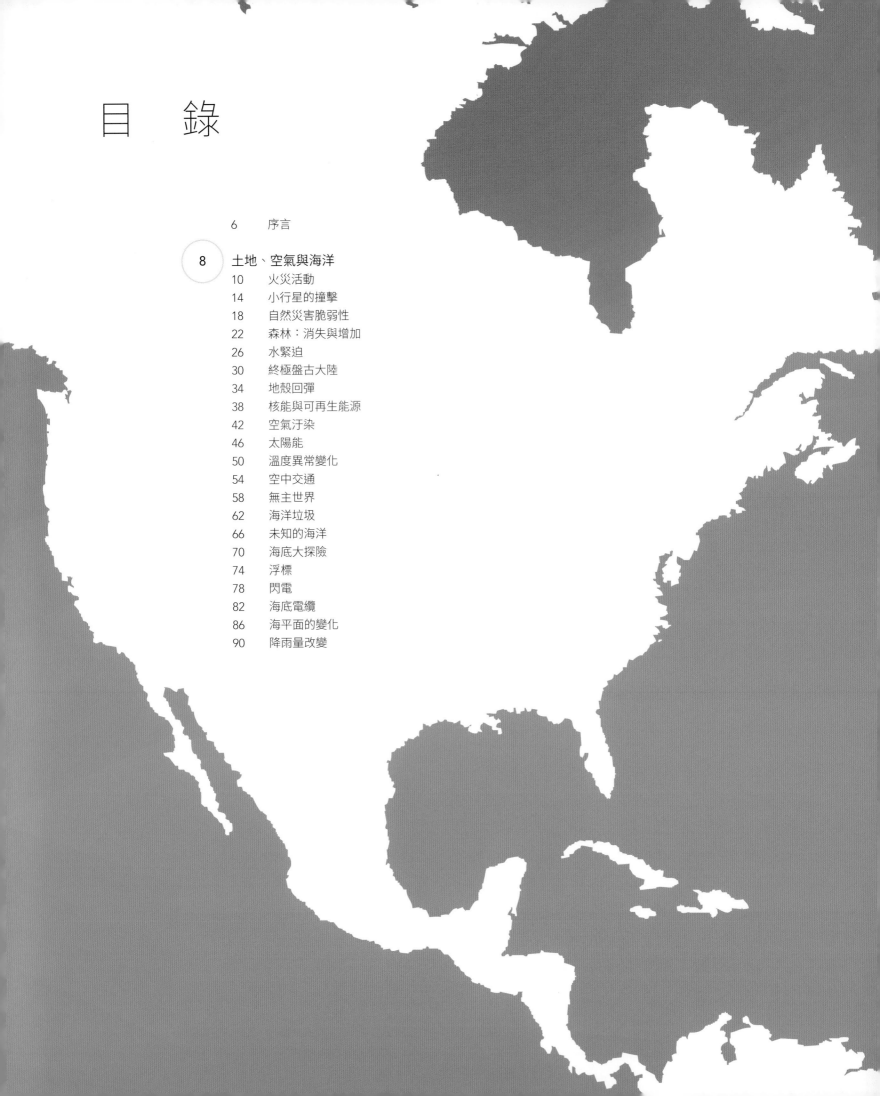

目　錄

相較於過去，繪製世界地圖這件事不曾這麼令人興奮，也從未如此不可或缺。這本書透過五十幅地圖介紹一顆瞬息萬變的行星，提供五十種讓我們覺得驚喜與激勵的新視界；五十種讓我們以不同方式思考地球生命的新觀點。

這是一趟如雲霄飛車般的旅程，一路帶領我們由乍看神祕的主題，例如可食用昆蟲和閃電；到現今一些重大的社會議題，例如人口流動和人均生態足跡（ecological footprint per capita）。我們會告訴你，為什麼美味蟋蟀、閃電以及書中提到的所有事情，不僅與地理學有關，而且深具意義。

現在，因為許多人隨身攜帶可立即在世界地圖上定位的設備，所以地圖進駐了我們文化的中心，而且角色日趨重要。隨著科技的發展，我們已經有能力分析大量的數據資料庫，像是鳥類多樣性還有區域和平程度這類的大數據，分析的結果也得以呈現在本書的五十幅地圖當中。尤其是美國（United States of America）航太總署（NASA）人造衛星拍攝的一系列令人驚喜的世界景象，正徹底改變我們看待地球的方式。在過去十多年間，我們已經有機會可以讀取這些具有無比高品質、詳盡和全面性的世界照片。從火災活動到地球夜景圖，這些結合資訊的地圖幫助我們了解什麼是人類面臨的最大挑戰，以及哪裡可以找到解決方案。

這些地圖當然不僅止於此，它們也是美麗、迷人以及令人激動的。

這五十幅地圖是無數兆位元數據的精華，更重要的是專家投入幾百萬小時研究的精華。在此僅舉一例，書中「未知的海洋」地圖，就是根據至今最大規模生物普查的結果。生物普查的過程歷經數百次的探險行動與幾千名科學家參與其中，結果發現了 6,000 種新物種。我一直覺得《New Views 地圖大數據》這本書的誕生，要歸功於為地圖及相關研究努力的人；我認為也是一種向他們致敬的方式。

世界地圖可以莊嚴，也可以有點誘人。這裡的地圖會捨棄一些精密且通常

是重要細節的部分，只會呈現廣泛且大範圍的視圖。因為在一個全球緊密連結的世界中，我們需要看見全貌，所以這樣的概觀就更顯重要。世界地圖能夠立即抓住重點；幾乎只要匆匆一瞥，你就可以理解整個地球上的和平程度或是水資源緊迫的狀況。如果再進一步仔細檢查，我們就可以看到國家、區域型態和相似性之間的關聯，而這些關聯就是理解全球局勢的關鍵。

這裡挑中的每一幅地圖，都有一些原創且重要的知識要告訴我們。書中試圖囊括廣泛的議題，其中一些是純社會性質的，像槍枝，一些議題則是純自然的，像地殼回彈或是終極盤古大陸（Pangea Ultima）。除此之外，我們的世界地圖也常常將人文與自然的議題連接起來，顯示出許多「自然」現象的地理學——例如鳥類多樣性或溫度異常——正受到人類活動的影響。

有時候自然與人文社會之間的關係，會近乎完整鮮活地呈現在地圖之上，甚至涵蓋我們始料未及的主題。例如，書中的汽油價格分布地圖就提供我們有關政府如何操縱汽油價格，以及有哪些國家位於油井之上的資訊。再如，海洋垃圾的世界分布地圖，同時呈現出兩個現象的特寫，一個是我們用過即棄的消費文化，另一個是海洋的自然循環系統。

「任何人都想藉由打開一本地圖集就擁有全世界。」《遙遠島嶼地圖集》（*Atlas of Remote Islands*）的作者茱迪思・夏朗斯基（Judith Schalansky）寫道：「世界上最有詩意的書，就是我手上這一本地圖集。」《New Views 地圖大數據》雖然是一本有清楚事實與真實數據的書，但閱讀之後，也許你會發現它多少也帶點詩意。當地圖的抱負與奇觀映入眼簾時，就開始滋養了我們的想像力。

土地、空氣與海洋

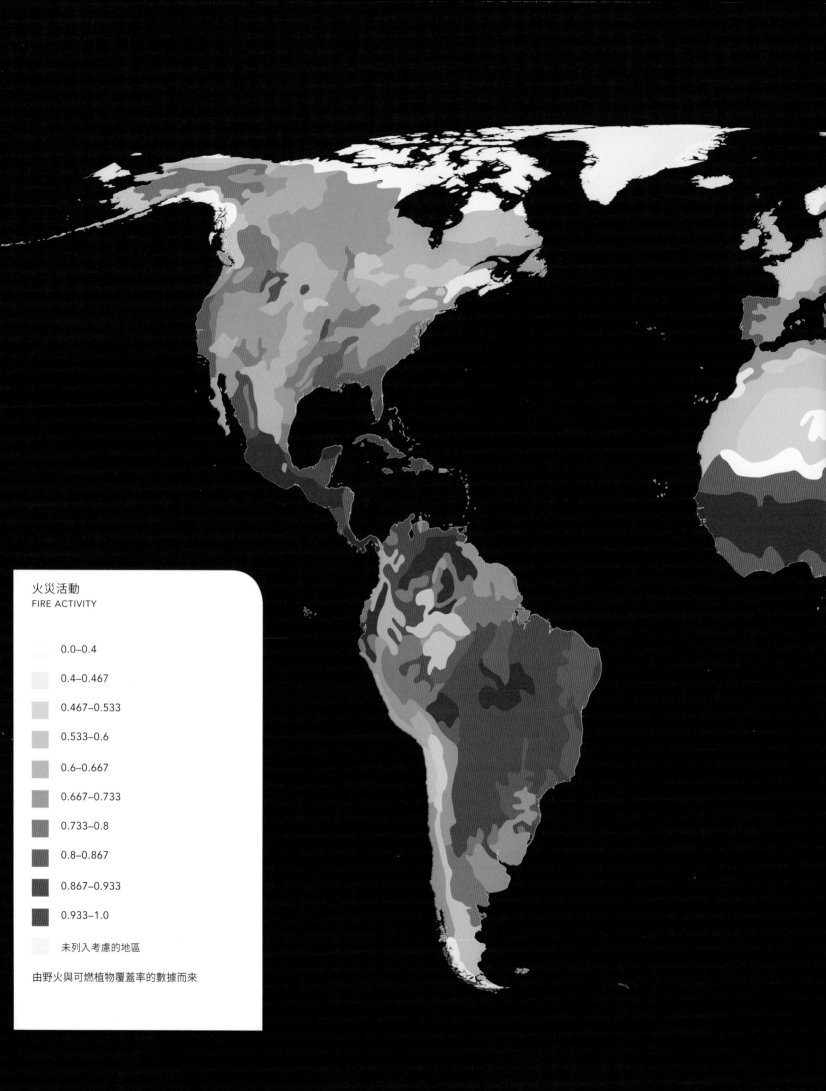

火災活動
FIRE ACTIVITY

0.0–0.4

0.4–0.467

0.467–0.533

0.533–0.6

0.6–0.667

0.667–0.733

0.733–0.8

0.8–0.867

0.867–0.933

0.933–1.0

未列入考慮的地區

由野火與可燃植物覆蓋率的數據而來

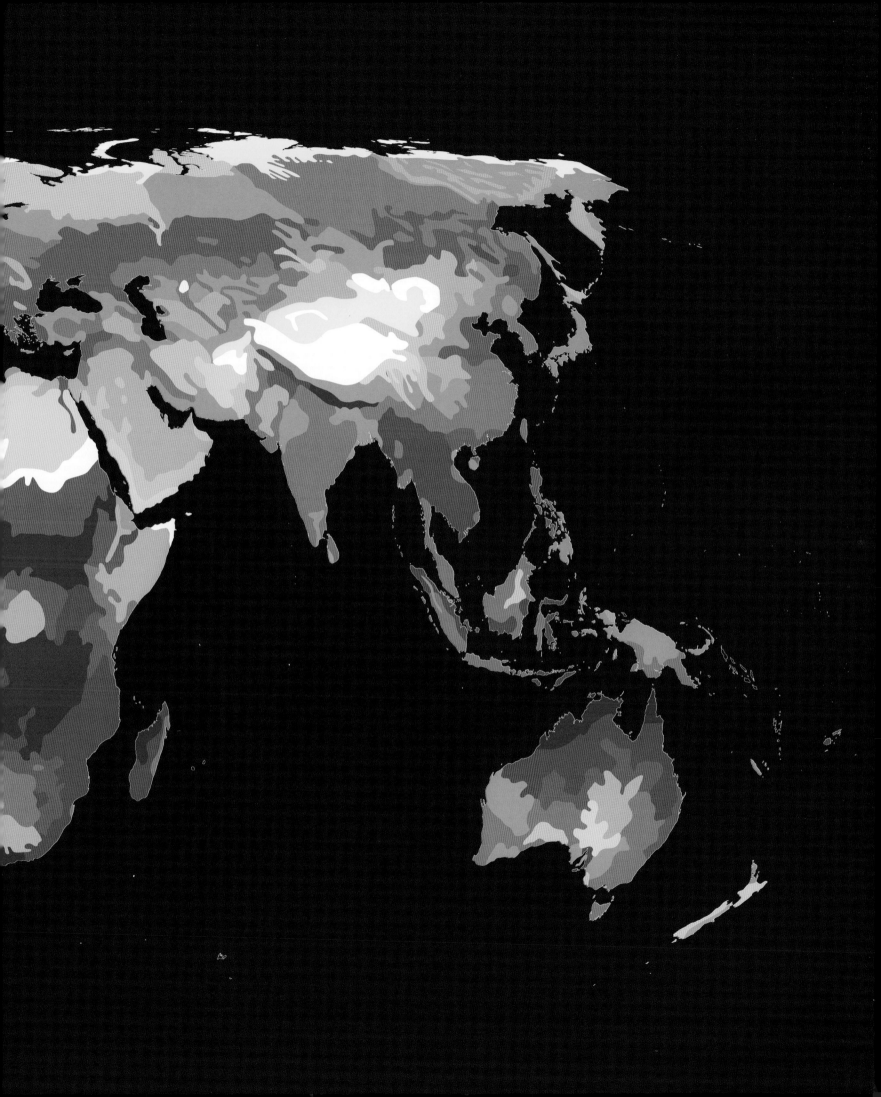

　　火是一股破壞性和創造性兼具的力量，雖然它會破壞植物生長以及毀滅人類和動物的生命，卻也是生態系統的重要組成部分。這幅地圖顯示了最有可能發生火災的地方，它是一幅以生態為基礎的地圖，將人造衛星蒐集的野火資訊與可燃植物覆蓋率的數據結合起來，然後產生從0（活動最少）到1（活動最多）的火災活動指數，呈現出來的結果，就是世界上哪些地方最容易發生火災的地圖。

　　火災發生的生態指標對我們來說很重要，因為它不僅讓我們看到一個地區的發生率，同時也指出該地區的脆弱之處。另外，這幅地圖也告訴我們，像撒哈拉沙漠（Sahara）這個地球上最熱的地方，受到火災的影響會比較冷的地區來得小，這是因為在沙漠裡沒有什麼東西可以燃燒。熱帶地區是最容易出現嚴重且具毀滅性野火的地方。在地圖上，從中美洲和亞馬遜（Amazon）古陸越過撒哈拉以南的非洲（Africa）到澳洲（Australia）北部這一大片區域，都有一道不規則的帶狀鮮豔紅色，表示這些地方既熱又植被茂盛。

　　如果沒有美國航太總署的火災資訊資源管理系統（Fire Information for Resource Management System）蒐集的數據，這幅地圖是不可能產生的。美國航太總署的人造衛星不斷蒐集燃燒野火的快照，並在每次飛越快照地區後三小時內就會釋出拍到的地圖。我們燃燒星球的圖像不斷地更新，意味著現在我們可以更有效率地追蹤和識別野火的位置。

　　地圖上顯示的悶燒火帶不一定是破壞的力量。根據蒐集並彙編這幅地圖數據的科學家，西班牙沙漠化研究中心（Desertification Research Centre）的植物生態學家朱利・包薩斯（Juli Pausas）的說法：「有些植物只有在火災後才會開花；還有些植物為了生存，演化出更厚的樹皮來抵擋火燒。」事實證明「火災在我們的生態系統中已經存在很長一段時間」。對包薩斯來說：「沒有火災的世界就像一個沒有圓形的球體；也就是，一個我們無法想像的世界。」

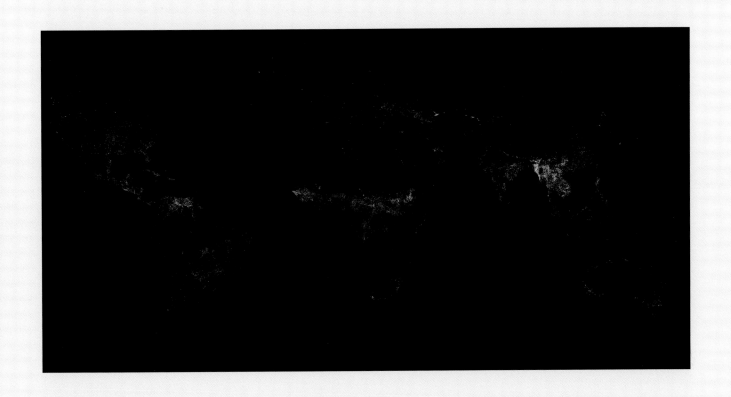

圖繞著熱帶地區的火災活動帶。這幅地圖顯示出2010年3月時的火災活動。

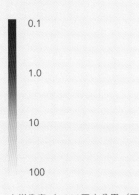

0.1

1.0

10

100

火災像素／1,000平方公里／天

　　然而，這幅地圖同時顯示出我們星球上大部分地區難以避免火災發生，特別是在氣溫升高的情況下。較高的溫度將使更多的地區歸類為「最易暴露於火災威脅的地方」，甚至在溫帶地區也有一樣的狀況。包薩斯指出：「相較於乾燥地區，植被茂盛的濕潤生態分區更容易增加火災機率。」他繼續解釋：「高生產力地區的火災對高溫的敏感性要強得多，」這意味著「溫度的微小變化對高生產力區域的火災活動影響更大」。

　　在專家的眼中，地圖透露出人為干擾的訊息。根據植被和熱是火災生成原因的理論，美國南部應該有更多的火災活動。包薩斯懷疑人類的消防行動已經開始扭轉火災的分布情形，意思是，原本當地植物已經適應火災的地區，現在卻發生較少的火災。相反的，一些熱帶地區發生的火災比自然預期的還要多。這可能是因為森林遭到砍伐之後，出現的空地被隨之而來的草地和灌木植物占據，而且這些新生成的草木比熱帶森林更容易燃燒。

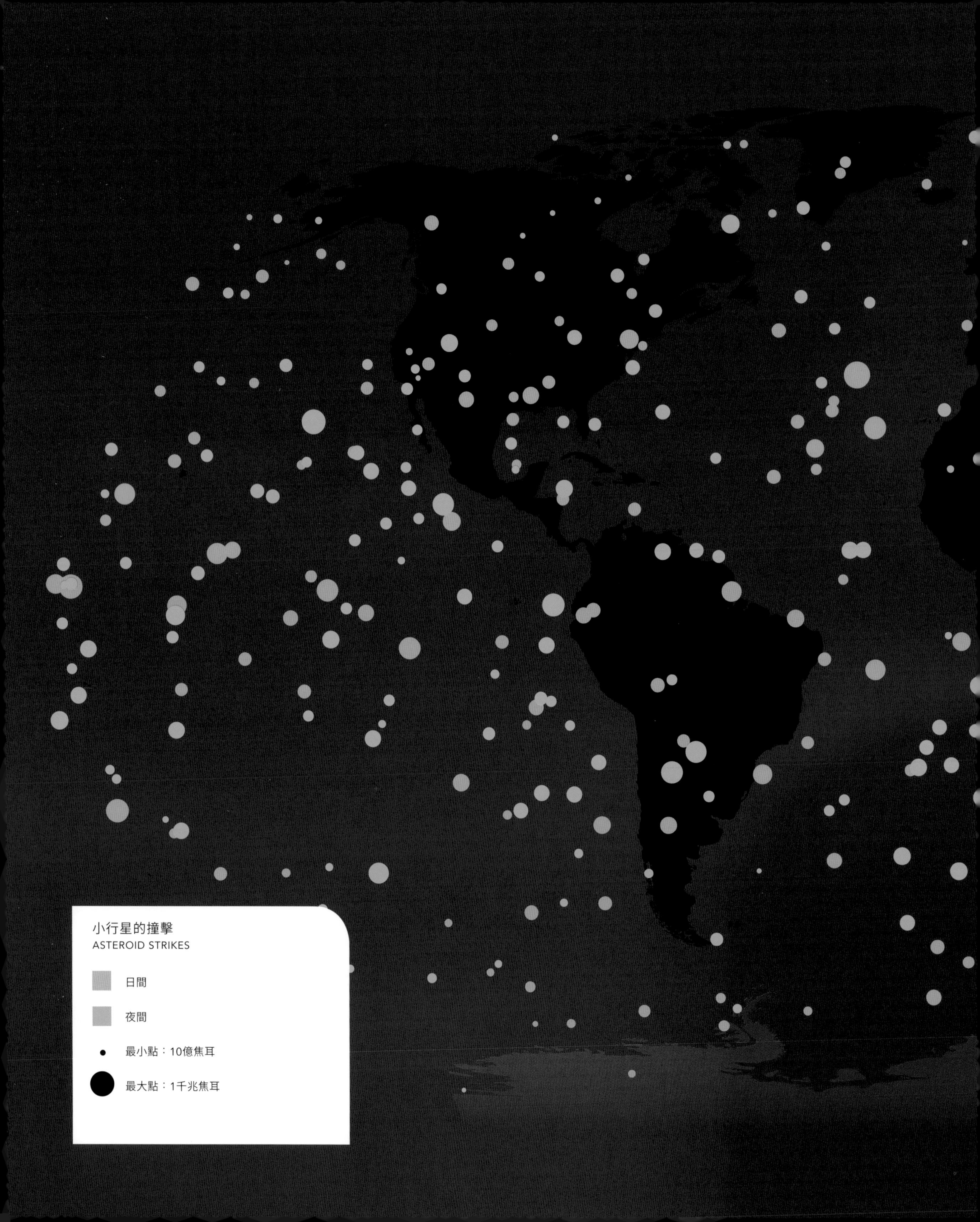

小行星的撞擊
ASTEROID STRIKES

日間

夜間

最小點：10億焦耳

最大點：1千兆焦耳

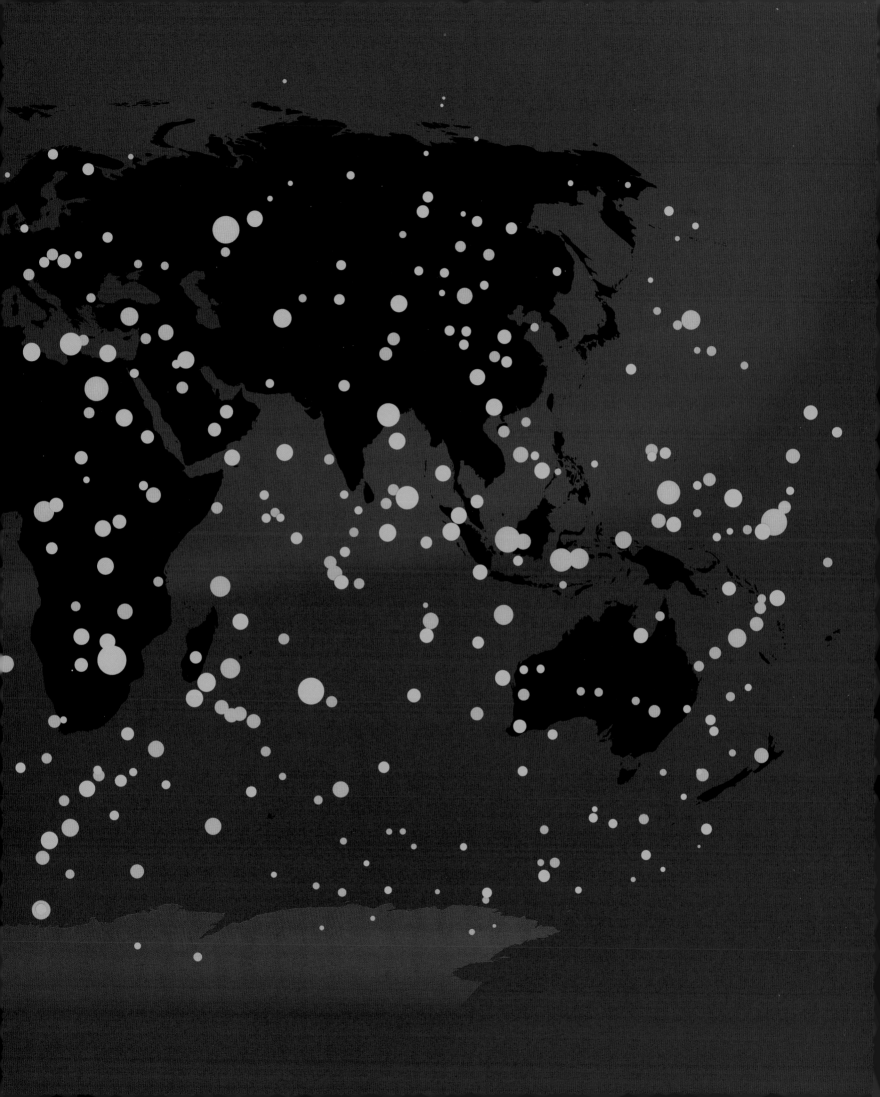

小行星的撞擊

ASTEROID STRIKES

我們的星球每天都受到來自太空的物體轟炸。每天大約有 100 噸的灰塵和沙粒大小的顆粒在大氣中燃燒殆盡。這幅地圖是根據 2014 年 11 月由美國航太總署的近地天體觀測計畫（Near-Earth Object Observations Program）研究所發布的數據而繪成。地圖顯示從 1994 到 2013 年這 20 年間，小型小行星撞擊範圍（由 1~20 公尺不等）的全球分布。黃點是指發生在日間的撞擊，藍點是指發生在夜間的。點的大小不同是根據撞擊的能量（以焦耳〔joules〕計）而定。雖是稱為「小」撞擊，但地圖上最小的點其實表示有 10 億焦耳的輻射能量，或者說約等同 5 噸黃色炸藥（TNT）的威力；最大的點是高達 1 千兆焦耳的輻射能量，相當於 100 萬噸黃色炸藥。

地圖上最明顯的一點就是撞擊的廣泛分布。看起來就是一個隨機模式，沒有什麼地方是比較容易受到撞擊的，也沒有什麼地方可以倖免於難。然而，這並不是說任何時候被擊中的機率都是一樣的。最近的研究指出，在一年間的固定時刻，當地球公轉到某些地方時，小行星撞擊的發生率會比較高。在赤道以北，11 月是最有可能遭受隕石撞擊的月份，而在 5 月和 6 月中，被撞擊的機率是最小的。小行星都撞擊在地球的大氣層上，並在通過大氣層時裂解，只有我們稱為隕石的小碎片才能抵達地面。地圖上顯示的最大撞擊是在俄羅斯（Russia）南部的黃色點標示。2013 年 2 月 15 日上午在車里雅賓斯克（Chelyabinsk）天空看到的大火球，是由一顆 17~20 公尺大小的小行星，以高速進入地球大氣層時所形成。當時造成的空中爆炸損壞了整座城市的多處建築物，造成數百人受傷，幸運的是，沒有人因此喪命。

追蹤所有這些衝擊的重點是，幫助我們了解此一議題的規模和程度，並且讓我們可以為更嚴重的衝擊預先作準備。這個研究的專案主任唐納・約曼斯（Donald Yeomans）解釋說：近地天體觀測計畫的目標就是「在有潛在危險的小行星衝擊我們之前，就將它們找出」。大約以每年一次的頻率，會有一顆汽車

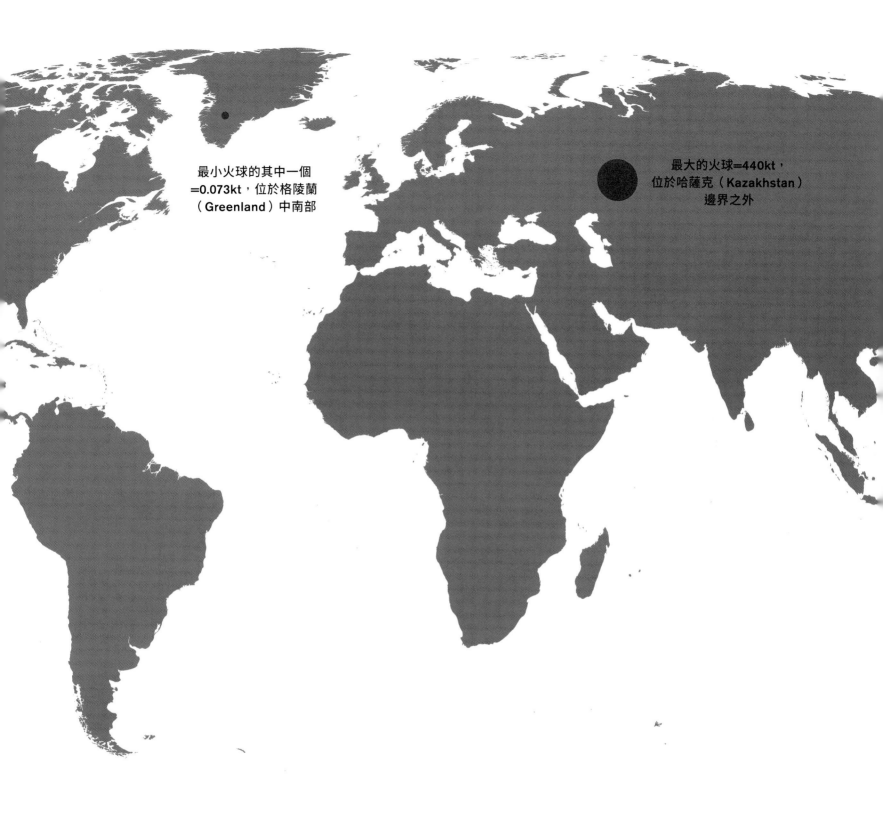

最小火球的其中一個
=0.073kt，位於格陵蘭
（Greenland）中南部

最大的火球=440kt，
位於哈薩克（Kazakhstan）
邊界之外

kt =計算後的總衝擊能量

這幅地圖顯示出1988年4月15
日至2017年3月11日間，最大
與最小的小行星撞擊事件。

大小的小行星撞擊地球的大氣層，然而每五千年會有一次，一個足球場大小的
小行星撞上大氣層。平均而言，每幾百萬年就會有一次巨大小行星撞擊出現，
其規模大到足夠徹底改變、甚至滅絕地球上的生命。

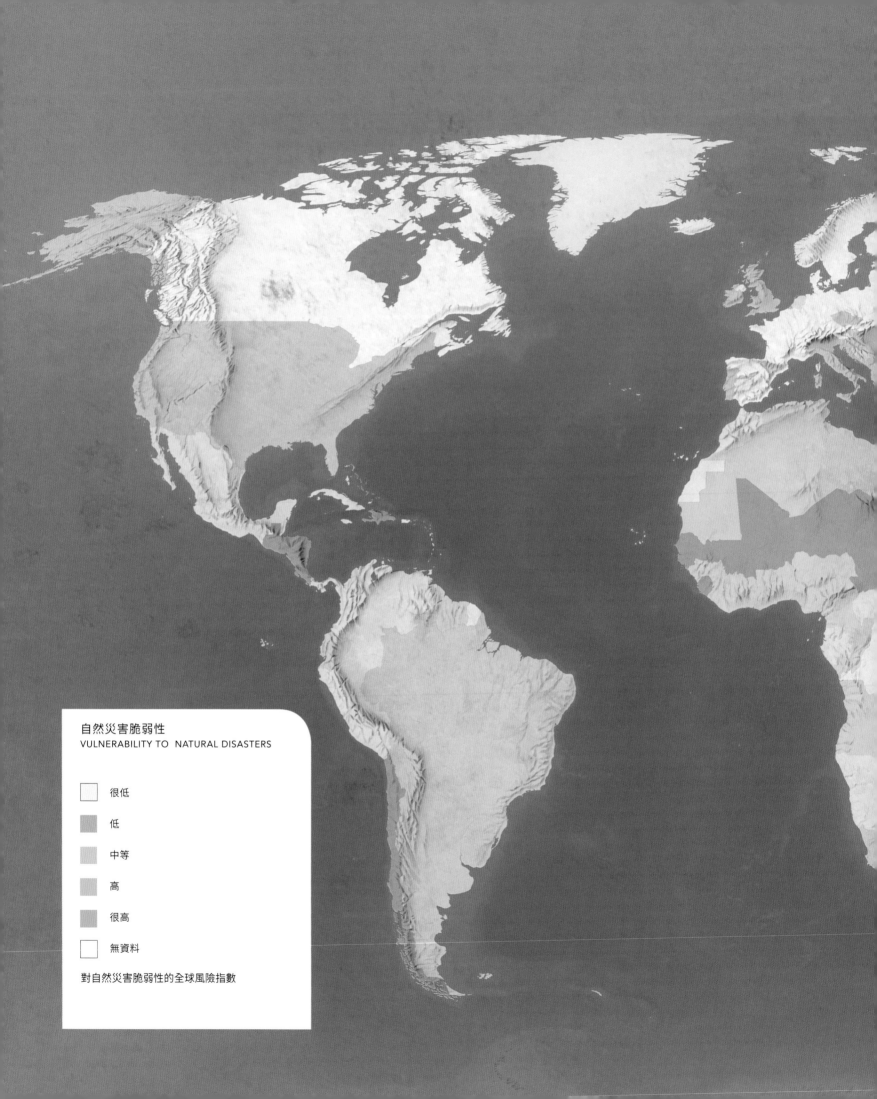

自然災害脆弱性
VULNERABILITY TO NATURAL DISASTERS

很低

低

中等

高

很高

無資料

對自然災害脆弱性的全球風險指數

自然災害脆弱性

VULNERABILITY TO NATURAL DISASTERS

　　地震、乾旱（drought）、洪水和颱風一直不斷的發生，但只有當這些事件對人們造成災難性後果之後，才會受到我們的關注。這幅地圖是根據聯合國（United Nations）2012 年公布的《世界風險報告》（*World Risk Report*）繪成，該報告確認太平洋（Pacific Ocean）小島萬那杜（Vanuatu）為地球上最脆弱的地區，而位於阿拉伯半島（Arabian Peninsula）一角的卡達（Qatar）最安全。

　　萬那杜飽受位於地震和颱風帶之苦，卻沒有資源來應付這些天然災害。也許你會認為因為萬那杜是小國，所以才顯脆弱。但是看看萬那杜的太平洋鄰國，也就是擁有 1 億人口的菲律賓（Philippines），同樣的天災也讓其成為全世界第三脆弱的國家。這幅地圖顯示，世界上大多數的人口都生活在中高風險的地區。在大多數這些地方中，不僅僅是醫護資源短缺，也缺乏規劃以及無法安裝和維護天災預警系統。許多國家開始建立天災預警系統，是因為發生在 2004 年的印度洋（Indian Ocean）海嘯，當時奪走大約 28 萬人的性命。預警系統可以在三、四年內運作良好，但因為沒有得到維護，許多預警的海上浮標現在已經丟失或損壞了。

　　脆弱性的計算，是依據斯圖加特大學（University of Stuttgart）的喬恩・伯克曼（Jorn Birkmann）教授提出的風險指數，他解釋說：「一個國家的脆弱性，在很大程度上是由自然災害是否會變成災難而決定。」所以如果一場颱風襲擊美國，雖然會造成損害，但不太可能會成為一場災難；如果相同的颱風去到菲律賓，很多人將會面臨極大的危險。橫跨整個非洲的亮綠色區塊國家，清楚說明了這些國家的實際脆弱性。最有可能影響這一地區的自然災難是乾旱，然而這個「自然」災難，其實是能夠以充足的資源做準備和補救的。這也解釋了為什麼同樣面臨相同「自然」風險的國家，可能會有非常不同的脆弱程度。例如，海地（Haiti）和古巴（Cuba），葉門（Yemen）和沙烏地阿拉伯（Saudi Arabia）：在這兩組例子中，每個國家都暴露在相同的風險之下，結果卻非常

萬那杜 **36.28**%

東加王國 **29.3**%

瓜地馬拉 **19.88**%

孟加拉 **19.17**%

菲律賓 **26.70**%

2016年最易受自然災害影響的前五大國家。他們的世界風險指數百分比，是透過調適（Coping）、暴露（Exposure）以及脆弱性（Vulnerability）程度等數據綜合計算所得出。

不同。

但是，想像用更多的金錢與教育就能讓脆弱性消失，實在是癡人說夢。例如，儘管有萬全的準備，日本（Japan）仍然非常脆弱：人們可以努力於減輕大地震影響的事也就只有這麼多了。面對大自然的突然來襲，沒有一個國家能不屈服的。平均而言，自然災難每年約奪走 68,000 條人命，並進一步影響 2 億 1800 萬人（這些數字來自 1994~2013 年間的統計數據）的生活。有越來越多的人口生活在有風險的地方，例如海岸線和超大城市，以及受氣候變遷（climate change）與自然防禦系統（如沿海沙洲和沼澤）枯竭而影響的地方，這意味著大多數預測受災難影響的人數只會上升不會下降。

讓一個國家變得脆弱的，不僅是由令人印象深刻的災難所造成的數字，另一個新的考量因素，是世界人口統計學的曲線呈現出的人口高齡化問題，這問題同樣也會讓人口更脆弱。在 2010~2040 年間，低度開發國家 65 歲以上人口將增加三倍。為此，這些國家也提高了脆弱性。

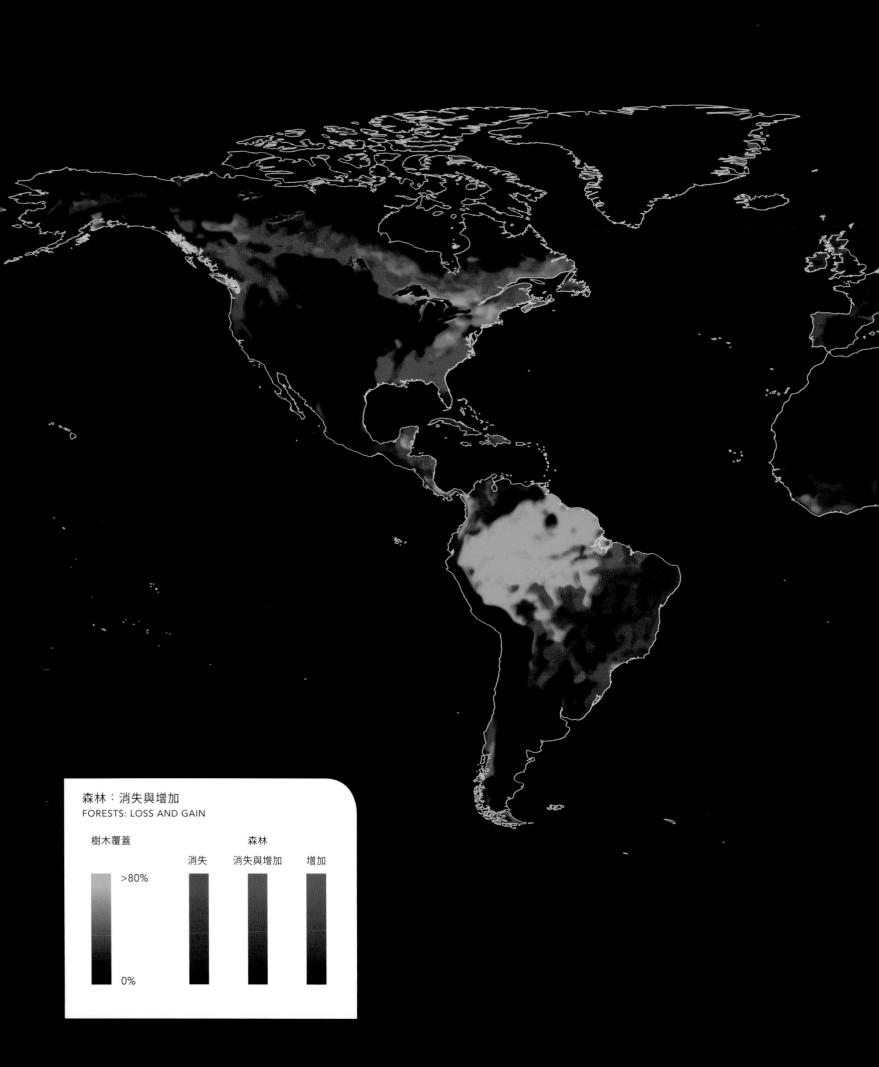

森林：消失與增加
FORESTS: LOSS AND GAIN

樹木覆蓋

森林

消失　　消失與增加　　增加

>80%

0%

森林：消失與增加

FORESTS: LOSS AND GAIN

森林消失的問題正逐漸受到全世界的重視。不幸的是，由這幅地圖可以看出，受到重視的地區往往是問題最不嚴重的地方。紅色區域顯示消失，藍色顯示增加。很明顯的，北美（North America）、歐洲（Europe）和俄羅斯的一些地區，森林重新覆蓋了大地，但在熱帶地區，也就是我們地球上物種最富裕的地方，有大片森林正持續消失中。這幅令人深刻的圖像，是根據 2000~2012 年間每年進行的人造衛星調查繪製而成。在此期間，森林消失的面積達到將近230 萬平方公里，增加的面積卻只有約 80 萬平方公里。大部分增加的地區是在以前原本就是森林然後被砍伐殆盡的土地，以及廢棄的農地，特別是在俄羅斯。

創造這幅地圖原始版本這項了不起的工作，是由遙感（remote-sensing）專家團隊進行的。地圖精細的程度，使我們能夠看到特定保育政策是如何運作的。因此，儘管巴西（Brazil）的森林明顯消失，但我們還是可以看到部分地區森林仍有增長，顯示該國的保育措施正慢慢產生影響。在南美洲（South America）最大塊的森林消失是大陸中部的玻利維亞（Bolivia）。在非洲也是，例如西非和中非的一些國家，森林的消失顯而易見。

紫色區域同時顯示出消失和增加，通常是因為有密集林業的存在，所以有連續的砍伐和復育的循環。領導遙感團隊的馬修・漢森（Matthew Hansen）解釋說：「如果你看芬蘭（Finland）和瑞典，整個國家就只是一塊消失增加、消失增加、消失增加的『宜家家居』（IKEA）林業文化景觀。」北美有些地區的情況可以說是類似的，這些地區有著密集的伐木和育林的模式，特別是在美國的東南部和西北部以及加拿大（Canada）。

有些人議論這幅地圖沒有充分顯示出森林消失的嚴重性。由於它是根據對樹木的定義，也就是「高度高於 5 公尺的所有植被」，包括單一種植棕櫚、橡膠和桉樹的開墾林地區域，評論者聲稱「將種植園當成森林，會與受到極大

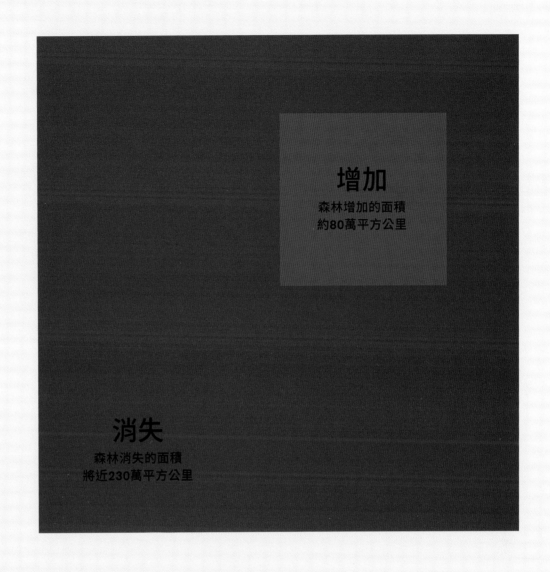

増加
森林增加的面積
約80萬平方公里

消失
森林消失的面積
將近230萬平方公里

2000~2012年間消失與增加的森林。

威脅的瀕危棲息地產生混淆。」針對這樣的批評，漢森和他的團隊只是簡單地回覆指出：他們從來就沒有想要區分好的與壞的。這是公平的，因為地圖本就應該以自己的條件來呈現。但是批評的意見也非常實用的提醒了我們，根深蒂固的假設常會被帶到自然世界的地圖中。我們假設更多的森林、更多的植物生長總是一件好事，這是個通常為真的概括說法，但是即便如此，它仍然只是一種概括說法。

水緊迫
WATER STRESS

低度水緊迫<10~20%

低到中度水緊迫10~20%

中到高度水緊迫20~40%

高度水緊迫40~80%

極度水緊迫>80%

無資料

水資源供應中斷的比例

水緊迫

WATER STRESS

水是我們最珍貴的資源，而且越來越少。「水緊迫」是描述這種情況的簡單方式。透過觀察水的使用與其供應之間的比例來確定。高度水緊迫意味著供應量小、使用量高。這個快照是源自於世界資源研究所（World Resources Institute）提供的 2013 年數據，這些數據是在大面積的飢荒和乾旱襲擊西非和東非許多國家之前蒐集的。它顯示了從智利（Chile），往上到墨西哥（Mexico），穿越許多地中海互相接壤的國家，到整個中東（Middle East）和中亞，然後往下直到印度（India）、印尼（Indonesia），最後到達澳洲的高度水緊迫曲線。這是一個很大的問題，它看起來將成為 21 世紀的重大危機之一。

不缺水的國家其實不多，包括一些赤道國家，如巴西，以及非洲中部的幾個國家，這些地方因為有大型河流流經，以及廣大的土地面積和人口稀少，所以水資源充沛。然而，這未必表示這些地區的人正享有相當不錯的供水。例如，撒哈拉以南非洲的許多人，現在仍然忍受所謂的「經濟性缺水」（economic water scarcity）之苦。這是因為他們沒有基本的供水服務：他們沒有水管網絡，也沒有其他可以供水的基礎設施，可以使他們因為有充沛的水源供應而從中獲益。

水緊迫不是與任何的水體都有關，而是有關淡水，也就是沒有鹽分且可以飲用的水。海洋約占地球水體的 97%，乍看之下好像我們有很多的水；但是事實上，我們缺的是不鹹的淡水。淡水不僅罕見，用人工生產也是非常昂貴的。

有些地區的人想出了解決缺水問題的聰明方法。例如在香港（Hong Kong），約有 80% 的居民用海水沖馬桶，這都要感謝 1950 年代建立的獨立配水系統。雖然這麼做對香港自己有利，但是對其他附近地區來說，這種做法好像不太適合。從這個例子看來，面對水緊迫，並沒有單一且簡單的解決方案。

水緊迫是個日益嚴重的問題，而且發生的原因很多。氣候正在發生變化，這意味著對某些人來說降雨增加了，但對大多數人——特別是在世界許多糧食

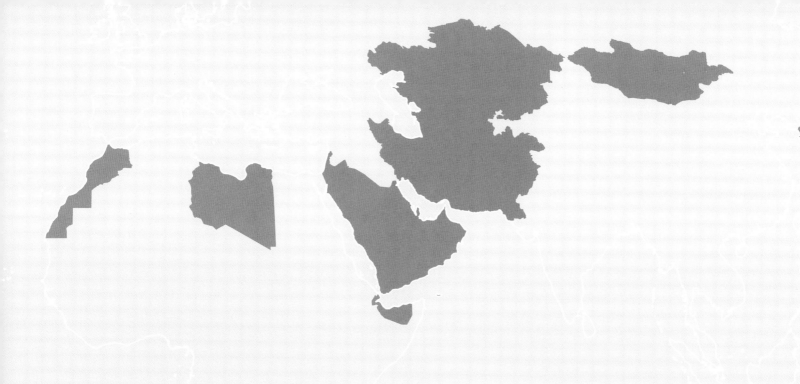

乾渴的大地。橘色標示的部分是2013年正受最高程度水緊迫之苦的國家。

生產地區的人——來說，降雨卻變少了。然後人口不斷增加，而且大部分都集中在原本就已經缺水的地區。中東和北非擁有世界 6.3% 的人口，但只占有 1.4% 的世界可再生淡水。這其實一點也不奇怪，因為這些地區是世界上最缺水的地區。

這些地區的大部分淡水並不是被當成飲用水，而是用於農業：一如其他地方，灌溉是中東地區主要的水源消耗方式。全世界 90% 以上的淡水用水量是使用在農業上，諸如小麥、稻米和玉米等用水密集的穀物就占 27% 的用水量；肉類生產消耗 22% 的用水量；還有酪農業占 7% 的用水量。要減少農業用水，我們需要轉向種植需水較少的作物，並開始種植抗旱穀物，例如小米和高粱。

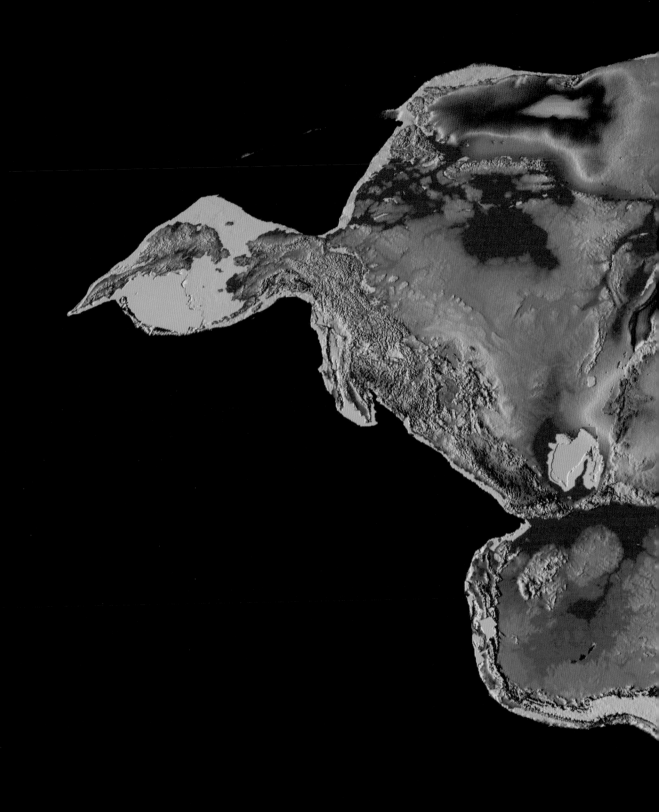

終極盤古大陸　PANGEA ULTIMA

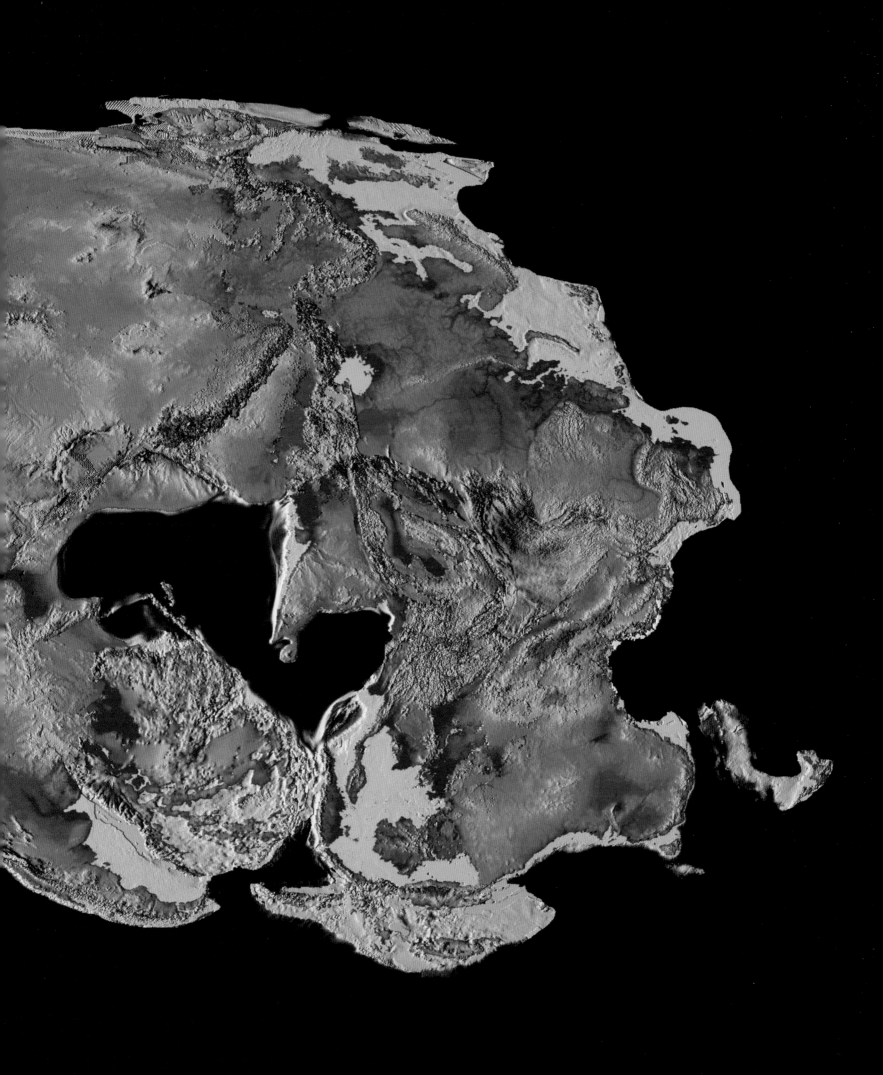

終極盤古大陸

PANGEA ULTIMA

你看到的不是世界以前的樣子，而是未來的模樣。盤古大陸是一塊存在於 3 億年前的超級大陸。最後它裂開了，變成我們今天所熟知的各個大陸。但是，海洋和土地所在的大板塊運動還沒有結束。根據我們對這些板塊過去活動的了解，我們可以粗略地預測板塊的前進方向。從預測的結果看來，所有板塊會直接回到它們原來就聚集在一起的地方：一個名為終極盤古大陸的地方。

在 3 億多年的時間裡，我們的大陸將再次聚集在一起。如果我們非常遙遠的後代在那裡生活著，他們將能自由地在陸上持續旅行，一路從曾經名為南極洲（Antarctic）的地方，往北通過澳洲和亞洲（Asia），並且往南直到南美洲盡頭。這趟旅程將圍繞著一個浩大的內陸海洋，出現許多美好的景色。

這個超級大陸並不是未來唯一的可能性，還有其他人也一樣推算出類似的模型。另外兩個競爭模型，分別命名為阿美西亞大陸（Amasia）和新盤古大陸（Novopangea），也都預測了回歸到類盤古大陸一樣的單一陸地。大規模的板塊碰撞將產生相當大的上提力量，過程中，板塊碰撞的地區會出現新的山脈。

預測最近的地質事件，我們更能確定在許久之後也會發生相似的情況。像是有大部分南歐坐落其上的非洲板塊與北歐持續碰撞了數百萬年，創造出阿爾卑斯山脈和庇里牛斯山脈（Pyrenee）。在 5000 萬年左右的時間裡，這個過程將會持續進行，進而排空地中海的海水，並將抬升一連串新的山脈到類似於偉大的喜馬拉雅山脈（Himalayas），比今天的阿爾卑斯山峰高大雄偉許多。

儘管有這些戲劇性的碰撞點，但是不得不說，終極盤古大陸看起來像是一幅做得很糟糕但還識別得出來的地球拼圖。這不是因為錯誤或是製圖的懶惰所致。大陸浮在地幔（mantle）上（地殼下面一層），地幔是所有真正地質作用發生的地方，如果它們不被直接往上推擠或被下面的板塊往下拉扯，那麼大陸形狀以及甚至像山脈這樣的特徵，只能經由很長一段時間的緩慢侵蝕才能形成。

這是一幅來自過去，卻不可思議地描繪出未來的地圖。盎格魯撒克遜赫里福德世界地圖（The Anglo-Saxon Mappa Mundi, 1025~1050年）顯示了當世界被認為是一塊完整土地時的早期描繪。東方顯示在地圖上方，不列顛群島位於左下角。

終極盤古大陸是德州大學地質學家克里斯多福‧史考提斯（Christopher Scotese）博士所創的地質預測。說到這個奇怪的形狀，他細心周到地說：「它比盤古大陸更像一個甜甜圈或貝果（bagel）。」他也承認，當初真的考慮過其他名字，他補充說：「我試過貝果大陸（Bagelea）或是甜甜圈大陸（Donutea），但是隨後一想，這樣將會使整個努力過程變得很平凡。」最後，他將名稱決定為終極盤古大陸，因為這個名字「優雅得像一輛漂亮的車」。話說回來，史考提斯博士是第一個確認這個名字含義的人，這個名字指的是一個過程的結束，也就是最後的盤古大陸。「對地球來說，這當然不是真的，」他補充道：「但是對我來說，這是我要提出的最後一個。」

終極盤古大陸之後將會有一個連續的超大陸分裂週期，然後它們的部分再組合以及碰撞成新的盤古大陸：動態的一來一回，擠壓放鬆，也許形容地球的正確用詞應該是「活生生」的行星。

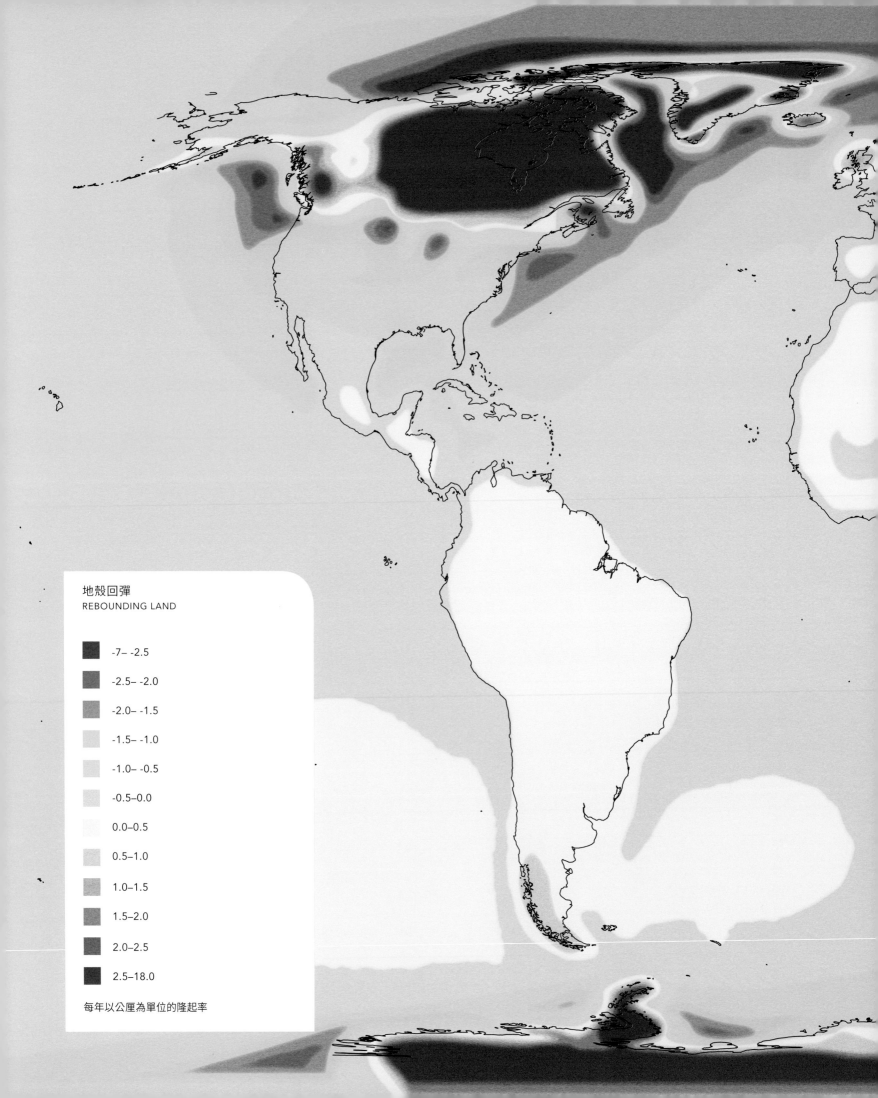

地殼回彈
REBOUNDING LAND

- -7– -2.5
- -2.5– -2.0
- -2.0– -1.5
- -1.5– -1.0
- -1.0– -0.5
- -0.5–0.0
- 0.0–0.5
- 0.5–1.0
- 1.0–1.5
- 1.5–2.0
- 2.0–2.5
- 2.5–18.0

每年以公厘為單位的隆起率

　　這幅地圖上的深紅色和橘色區塊表示地殼回彈的地區。這是一個重大的過程，因為世界有一些地方隆起，其他地方則正往下沉。大約 2 萬年前，厚達近 3 公里的大片冰帽，覆蓋了大部分的北歐、北美和南極，所有冰的重量將地殼往下壓沉將近半公里；同時，就在冰帽以外的土地向上隆起超過 300 公尺。現在大部分的冰已經消失，地球也正在調整恢復原本的樣子。

　　地圖上的指數顯示每年以公厘為單位上升的反彈率。在尺標上，反彈率最大的地方以紅色區塊標記，最大值為 18 公厘；最小反彈率以深藍色標記，可以小到 - 7 公厘。這些數字對我們人類來說是個緩慢的過程，可能聽起來不是很大，但在地質學上，這卻是一種戲劇性的變化（儘管我們應該注意到，紅色地區的平均值遠遠小於 18 公厘）。反彈的影響已經十分明確，線索來自斯堪地那維亞（Scandinavia）境內的內陸地區，有一些被稱為「島」（island）或是「礁」（skerry）的地方。這些地方以前被水包圍，但整個景觀都已經升高，現在它們形成了被森林和農田包圍的小山丘。

　　由於同樣的原因，瑞典和芬蘭之間的波的尼亞灣（Gulf of Bothnia）正在慢慢的消失中。事實上，該區域的上升速度實在很快，以至於克瓦爾肯群島（Kvarken Archipelago）周圍有一塊區域，因為具有「顯著的地質和地貌特徵」，被聯合國教科文組織（UNESCO）列為世界文化遺產（World Heritage Site）。聯合國教科文組織解釋：由於它以「世界上最高的速度」抬升，所以「島嶼間出現陸地聯結、半島擴大、湖泊從海灣生成並發展成為沼澤和泥炭沼地」。這個抬升作用的缺點在歐洲更向南一點就能感覺出來。

　　某些國家正緊盯著這個議題，例如英國（UK），蘇格蘭和英格蘭北部地區正在回彈，但是南部卻向下滑動。如地圖所示，最大的冰區是以加拿大和格陵蘭為中心，現在這些地區正在抬升，因此造成的結果是，美國的大部分區域正在下沉。但這不僅僅是一個簡單的南北向翹翹板，該地圖還顯示，快速上升

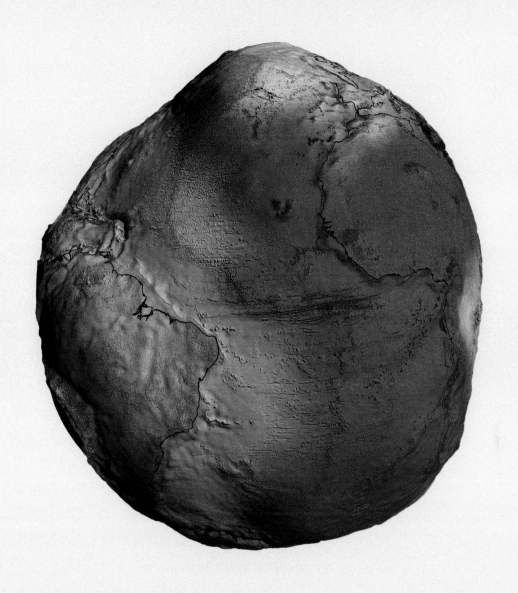

地球的形狀因許多力量拉扯而變形。2011年的這顆地球模型，顯示了地球表面的海洋在重力和地球自轉影響下的形狀。紅色表示高重力，藍色表示低重力。

地區的周圍，下沉的跌幅也最大，這些相鄰的區域被冰河地質學家稱之為「前陸隆起」（fore bulges），即冰帽旁邊的區域曾經向上傾斜，現在卻正以最快的速度下沉。

地殼的抬升或隱沒引發了造山運動，那股力量可以在地質構造板塊的介面上看出來。不過這個運動並沒有顯示在這幅地圖上，地圖只有顯示到受冰壓迫的土地之後的回彈現象。對這個超大的地質事件，人類是束手無策的。不過了解這些作用也很重要，因為它們會加劇西歐和中歐以及美國等地的海平面上升問題。

回彈正在發生的地方，造成明顯的地界改變，甚至引發關於土地所有權的新爭論。在回彈的區塊上，海上出現的新土地該屬於誰？答案通常是擁有該片水域的人，而不是擁有附近海岸的人。但是，對正滑入大海的土地而言，歸屬權的問題又該如何區分就不太清楚了；或者，海岸線正在倒退的國家，也許可以開始建造新的人造島嶼，或是開始立樁標定領海區域，以解決這樣的問題。

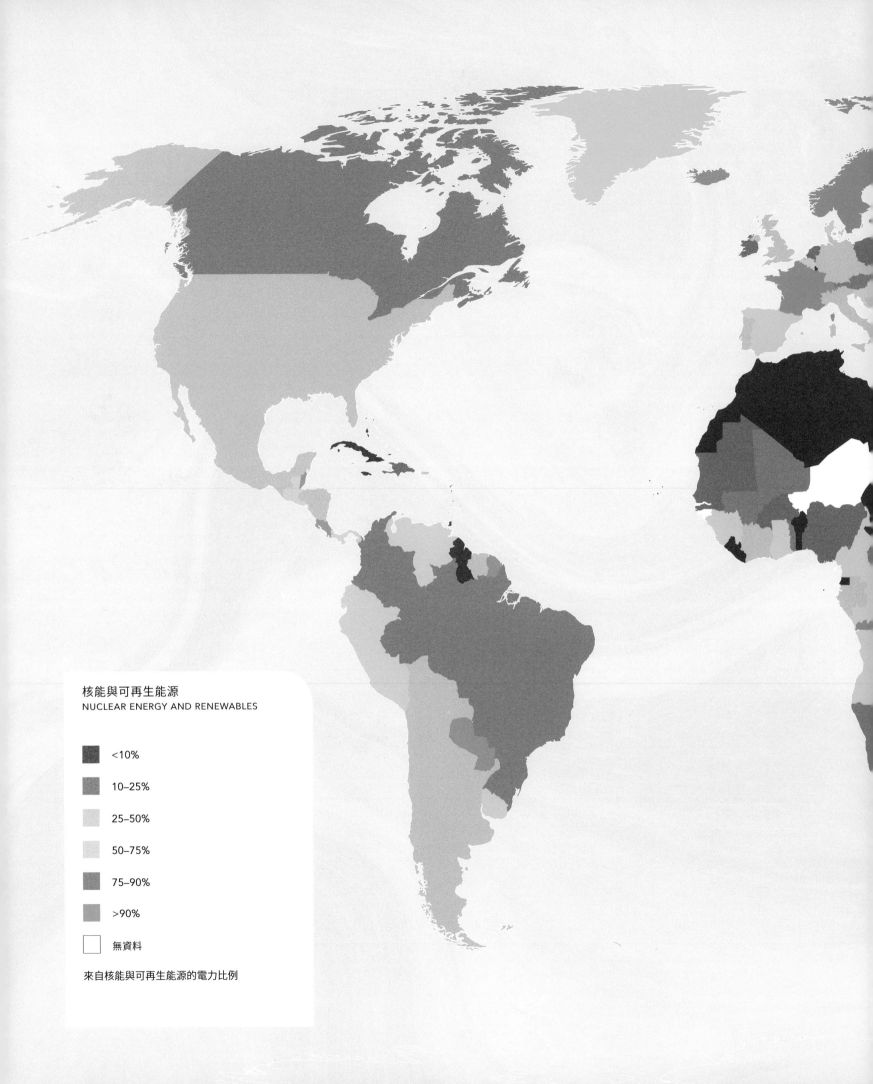

核能與可再生能源
NUCLEAR ENERGY AND RENEWABLES

- <10%
- 10–25%
- 25–50%
- 50–75%
- 75–90%
- >90%
- 無資料

來自核能與可再生能源的電力比例

核能與可再生能源

NUCLEAR ENERGY AND RENEWABLES

世界上並不缺少能源，但缺乏有效的能源使用方法。這方面，有些國家就做得比其他國家好很多，而且當你由這地圖上看到是哪些國家時，你一定會大吃一驚。我們知道，挪威（Norway）、瑞典和芬蘭很多的電力是來自水力發電（hydropower），但是在非洲和南美地區，這些大面積的深綠色區塊又是什麼？事實證明，當我們談到可再生能源時，常會把技術成熟的水力發電給忽略掉，水力發電讓富國和窮國都能夠擺脫碳氫化合物（hydrocarbons）的束縛。

水力發電所產生的能源，到目前為止一直是最大宗的可再生能源，例如，在美國約有 95% 的可再生能源來自水力發電。還有，水力發電占巴拉圭（Paraguay）的電力生產將近 100%；由於水力發電資源豐富，甚至輸出電力還成了這個內陸的南美洲國家最大出口項目之一，其產生的電力有 90% 輸往鄰國。衣索比亞（Ethiopia）大部分電力來自藍尼羅河（Blue Nile）上的水壩；在剛果民主共和國（Democratic Republic of Congo），有 95% 以上的電力來自水力發電，其中的大部分又來自位在距離首都金夏沙（Kinshasa）225 公里、南部的兩座大水壩。事實上，剛果有能力產生更多的電力：據估計有潛力足以提供相當於 13% 世界水力發電的電力。剛果還擁有數百座太陽能（solar power）發電廠和大量的沼氣儲備。

讓法國在地圖上顯得突出的不是水力發電而是核能。烏克蘭（Ukraine）和匈牙利（Hungary）也從核能電廠產生了國家所需的一半以上電力。也許讓人覺得最驚訝的是，許多有太陽能發電潛力的國家，其可再生能源卻發展得很少。像是北非和中東地區仍然依賴石油發電，還有一些國家的可再生能源政策遠遠落後，例如，南非政府就未能實施重大的可再生能源計畫。

可再生能源是一種快速變化的資源，這幅地圖並沒有捕捉到一些正在迅速發展的國家，中國（China）就是一個例子。中國正大力投資太陽能發電，據估計到 2020 年，該國能源容量的 15% 以上將來自非化石燃料。還有一些雄心勃

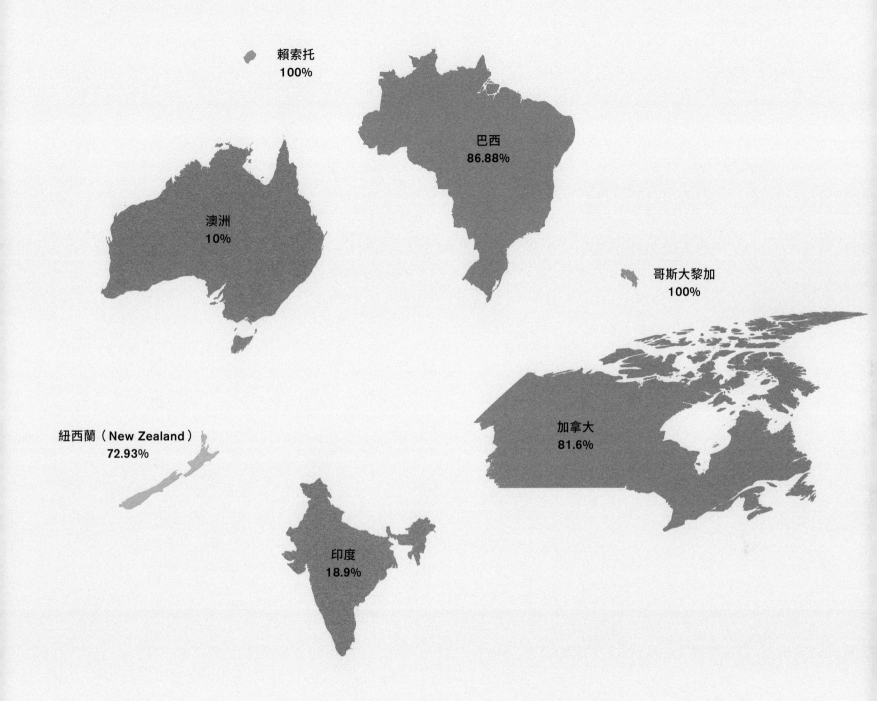

賴索托
100%

巴西
86.88%

澳洲
10%

哥斯大黎加
100%

紐西蘭（New Zealand）
72.93%

加拿大
81.6%

印度
18.9%

不像許多澳洲之流的富裕國家，賴索托（Lesotho）和哥斯大黎加（Costa Rica）從可再生能源中獲得所有需要的電力。

勃的計畫，想利用北非又熱又無雲的天空進行太陽能發電，並將之轉化為歐洲的能源基礎。太陽能利用的是一個很有發展潛力的方向，因為太陽在全球的沙漠上曝曬六小時所產生的能量，就足以供應全世界一年來使用，「沙漠之力」（desert power）保證能削減能源費用成本以及遏制碳排放量。然而，很多這些計畫還只是紙上談兵的階段。當世界還在等待太陽能所帶來的巨大繁榮時，水力發電已經開始運行許久，將一些擁有巨大河流和湖泊的國家轉變成綠色能源中心。

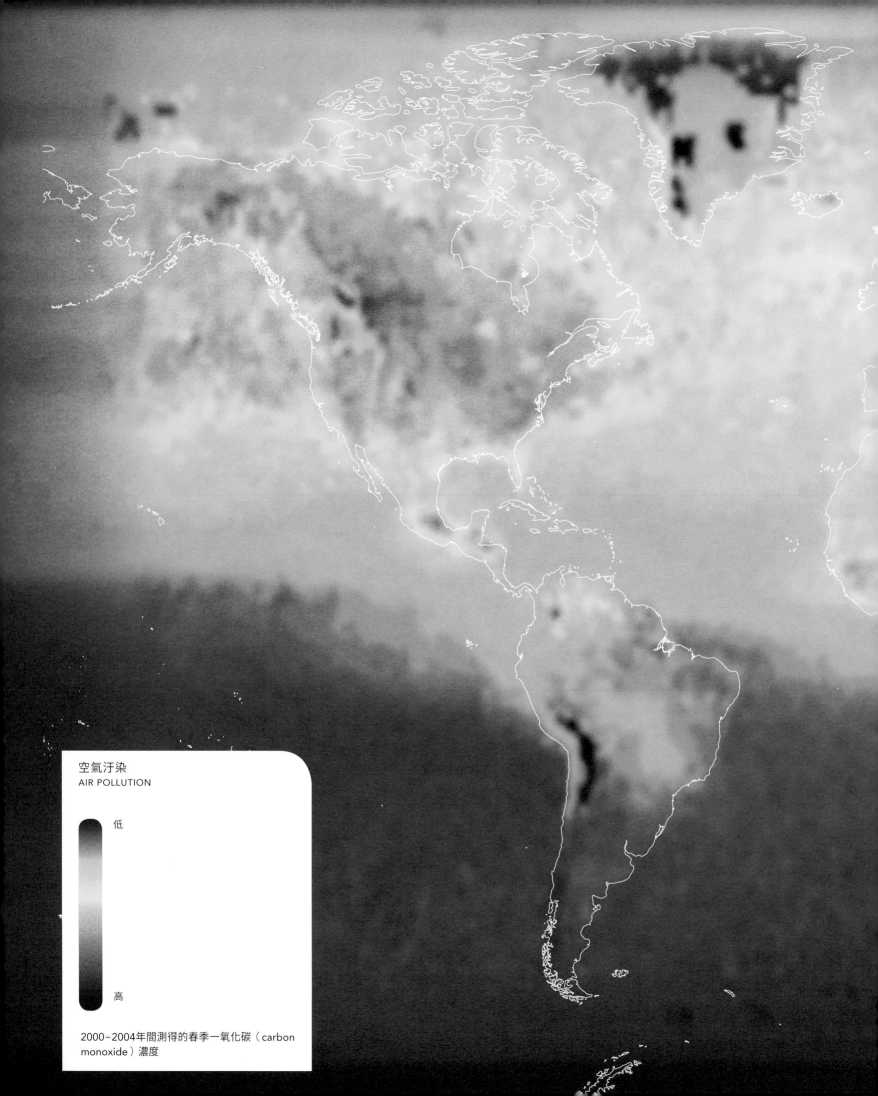

空氣汙染
AIR POLLUTION

低

高

2000~2004年間測得的春季一氧化碳（carbon monoxide）濃度

空氣汙染

AIR POLLUTION

一氧化碳是一種由不完全燃燒所產生的、看不到也聞不到的致命氣體。主要來源之一是森林火災，但這幅地圖告訴我們，它也來自工業和城市的汙染物。地圖上的巨大紅色斑點是個令人不悅的證據，證明東亞是世界工廠，同時也指出有大量的內燃機正在那裡積極運作。

這幅地圖顯示了 2000~2004 年的春季平均一氧化碳濃度。感謝安裝在人造衛星上，且可以偵測許多全球不同類型汙染物的專門科學儀器，我們才得以一窺眾多汙染中的一種狀況。拍攝這張特定照片的儀器，是安裝在美國航太總署人造衛星上的對流層汙染測量（Measurement of Pollution in the Troposphere, MOPITT）設備，這顆帶有 MOPITT 的人造衛星一直繞著地球，並且持續不斷掃描地球的大氣層。MOPITT 每四天掃過 644 公里寬的地球表面，並且給我們一個全球的視野。當我們想知道問題的所在地，以及反汙染措施的進行是否有解決問題時，這些資料就變得非常寶貴。

在還沒有使用人造衛星來察看汙染之前，我們看不到全面的狀況。研究人員不得不依靠由當地取得的研究數據，來預測其他沒有實際數據區域的狀況。現在，我們有一具日夜無休、持續不斷以及永遠繞地球飛行的 MOPITT，提供了所有區域的實際資料，讓我們更了解實際汙染狀況。就在二十幾年前，我們對一氧化碳這種有毒物的分布了解甚少，但現在，我們再也沒有任何可以忽視這個汙染問題的藉口了。

一氧化碳是一種有毒氣體，其濃度顯示出明顯的地理變異性和季節性。你只能藉由查看整個系列的影像，才能真正獲得一氧化碳完整的分布與複雜度的樣貌。單看這幅特定的地圖可能會使你得出錯誤的結論，也就是會誤以為南美洲和非洲並沒有受到高度一氧化碳汙染之苦。然而，只要有燃燒，就會產生一氧化碳。雖然被紅色霧霾籠罩的東亞地區是一個慢性且令人不安的特徵，但是 MOPITT 的其他地圖也顯示了，俄羅斯、非洲、南美洲和澳洲的一氧化碳突然

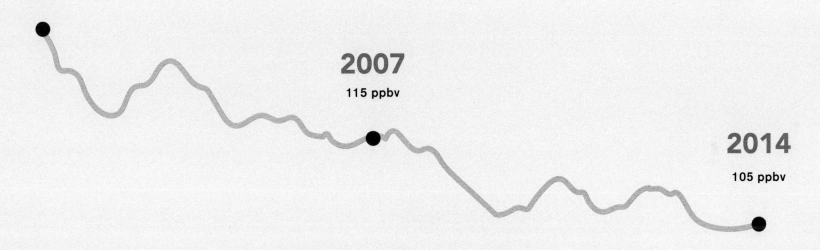

2000
130 ppbv

 一氧化碳濃度

2007
115 ppbv

2014
105 ppbv

一氧化碳濃度在2000~2014年間下降了20%。以十億體積氣體中含有的單位體積計算（ppbv）。

爆發，這些突發的一氧化碳濃度飆高，往往是由於森林火災或季節性農業燃燒所造成的。

　　MOPITT 帶來好消息也帶來壞消息。好消息是，自 2000 年以來，一氧化碳的總體濃度有所下降，特別是在北半球，其中更環保的汽車和更低汙染排放的工業，正對人們的生活產生實際和實質的影響。壞消息是，繞地球飛行的人造衛星上的類似儀器也顯示，還有其他汙染物正在增加。不過可喜的是，總體而言，號稱世界工廠的中國，其一氧化碳濃度排放量甚至略有下降。美國航太總署的人造衛星和這些地圖使我們能夠監控汙染情況，並利用我們的觀察結果來改變現狀。

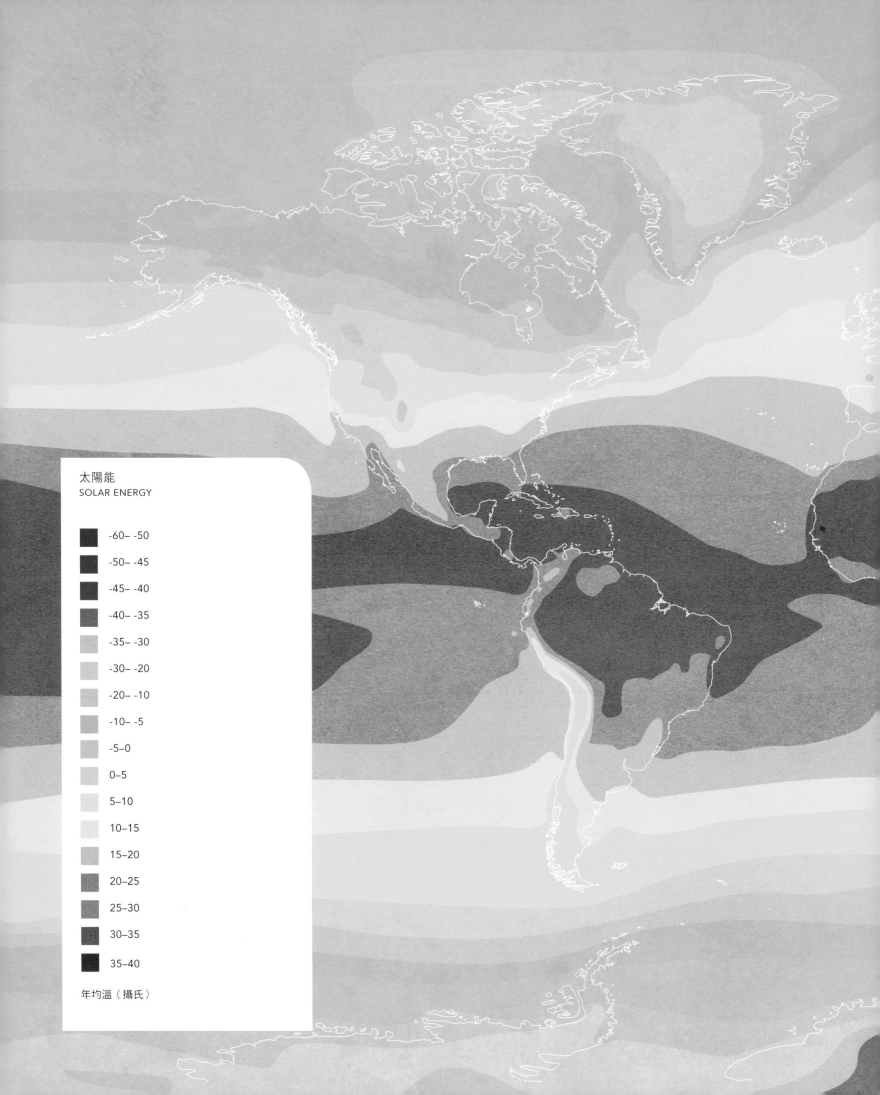

太陽能
SOLAR ENERGY

- ■ -60– -50
- ■ -50– -45
- ■ -45– -40
- ■ -40– -35
- ■ -35– -30
- ■ -30– -20
- ■ -20– -10
- ■ -10– -5
- ■ -5–0
- ■ 0–5
- ■ 5–10
- ■ 10–15
- ■ 15–20
- ■ 20–25
- ■ 25–30
- ■ 30–35
- ■ 35–40

年均溫（攝氏）

太陽能

SOLAR ENERGY

太陽每年傳遞到地球的太陽能，足足比我們現在每年的能源需求大上一千倍以上。這幅地圖不僅顯示全球每年平均的地表溫度，也圖解了有多少能量湧入海洋以及陸地。在地圖上，我們可以清楚的看到一條寬闊的太陽能分布帶，跨越印度洋和太平洋海域，還有其他遍布於非洲、南美洲以及大西洋（Atlantic Ocean）的不連續帶狀分布。此外，南極比北極（Arctic）寒冷許多的現象同樣值得注意。

影響溫度的因素之一是海拔高度。例如，儘管與撒哈拉有同樣的緯度，喜馬拉雅山脈和印度北部的青藏高原還是維持寒冷的狀況。同樣的，山脈和山丘還有助於解釋我們在非洲和南美洲所看到的一些溫度變化。

將溫暖海水引入較冷的緯度，或是將寒冷海水導入熱帶海洋的海流，其影響與作用也可以在這幅地圖上清楚看到。不列顛群島（英國）的溫度，就比北半球的高緯度地區要溫和得多，原因是北大西洋（North Atlantic）暖流在這個地方的流向漸漸往北；相反的，非洲和南美洲的西部海岸，則被從南冰洋而來的冷流所冷卻。

另一個具有冷卻或升溫效應的因素是盛行風（prevailing wind）。例如，在北歐，傾向西北方向吹的風，造就了我們在地圖上所看到的黃色區帶。根據每年的平均值，我們的地圖並沒有顯示相同顏色區域之間可能存在的大溫度差異。在大陸中部地區的夏季氣溫可能非常炎熱，冬季氣溫卻異常寒冷，而像英國這樣的臨海國家，則是全年溫度變化會較溫和。

鑑於氣候變遷和能源供應方面所面臨的危機，像這樣的地圖，會被許多人視為迫切需要開始利用太陽能發電的證據，並不足為奇。有人聲稱，整個世界的電力需求，只要落在撒哈拉的 1.5% 的太陽能就足以供應。由於在撒哈拉以南的非洲只有 30% 左右的人有電力可用，所以那個地區的發電需求和潛力非常大。

太陽傳遞到地球的太陽能，
比世界的能源需求大一千倍以上。

1.5

只要落在撒哈拉1.5%的太陽能，
就足以供應整個世界的電力需求。

世界上最大的太陽能發電廠的第一階段建造，已經於 2016 年在摩洛哥南部開始，到 2018 年將產生足供 100 萬戶家庭的電力。太陽賦予世界上最貧窮和最貧瘠地區的電力，終於開始可以受到利用了。

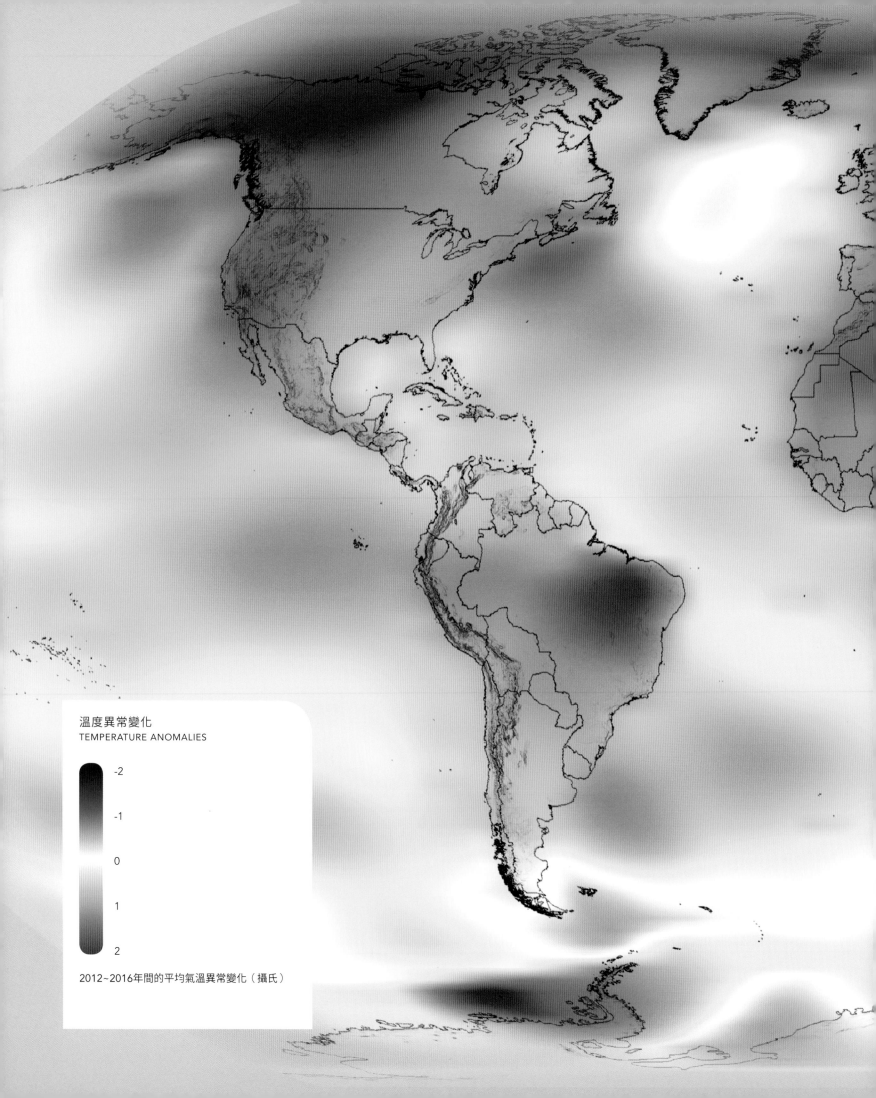

溫度異常變化
TEMPERATURE ANOMALIES

-2
-1
0
1
2

2012~2016年間的平均氣溫異常變化（攝氏）

據美國航太總署戈達德太空研究所（Goddard Institute for Space Studies）所長加文・施密特（Gavin Schmidt）的說法：「2016 年是連續第三年創紀錄的一年……我們沒有預期到每年都會創下紀錄，但長期持續變暖的趨勢是明確的。」2016 年的平均氣溫比 20 世紀中期高出 0.99℃，聽起來好像不是很多，但是這上升趨勢已經開始變得有一貫性和持續性。自 1880 年開始有紀錄以來，17 個最熱年度中的 16 個就發生在 2001 年之後到現在。而且，2016 年 7 月也是自 1880 年有記錄以來全球氣溫最高的月份。低於上一個年份的平均溫度已經是 1976 年的事了。

這幅地圖顯示 2012~2016 年間平均地表溫度的變化。橘色表示比基準期高的溫度，藍色表示比基準期低，基準期是指 1951~1980 年間測得的溫度年平均值。

旋渦和脈動般的橘色陰影顯示出色調的不均勻。在北半球很北的地方顏色最深，幾乎接近紅色的區域，與南半球的海洋所呈現的藍色斑塊形成強烈對比。2016 年是北極地區最炎熱的一年，導致海冰（sea ice）的區域創下歷史新低。深色陰影也由橫掃過歐洲大部分地區，一路進入中東地區。還有，相同的色塊也見於巴西和澳洲的中心大部分地區。許多這些地方原本已經很熱了，所以這些額外的熱量會造成特別嚴重的後果。例如，澳洲均溫就比世界其他地區高出攝氏 8 度；因為變得更熱，澳洲就得面臨廣大地區乾旱和牲畜死亡這兩個問題。像英國一樣原本就處於較冷地帶的國家，就沒有因為變暖而出現問題。

在大多數情況下，這些局部地區的趨勢呈現出比橘色背景顏色更深一點的深橘色——也就是發燒世界中的熱點。這幅地圖引發的一個問題是：為什麼南極洲及其周圍的海洋沒有變暖。事實上，這些地區正在冷卻中。對此現象，有一個理論解釋說：在南極洲周圍的洋流和強風，可能有助於將其與變暖的世界隔開。自 1970 年代末期以來，北極平均每年失去 53,872 平方公里的海冰；相反

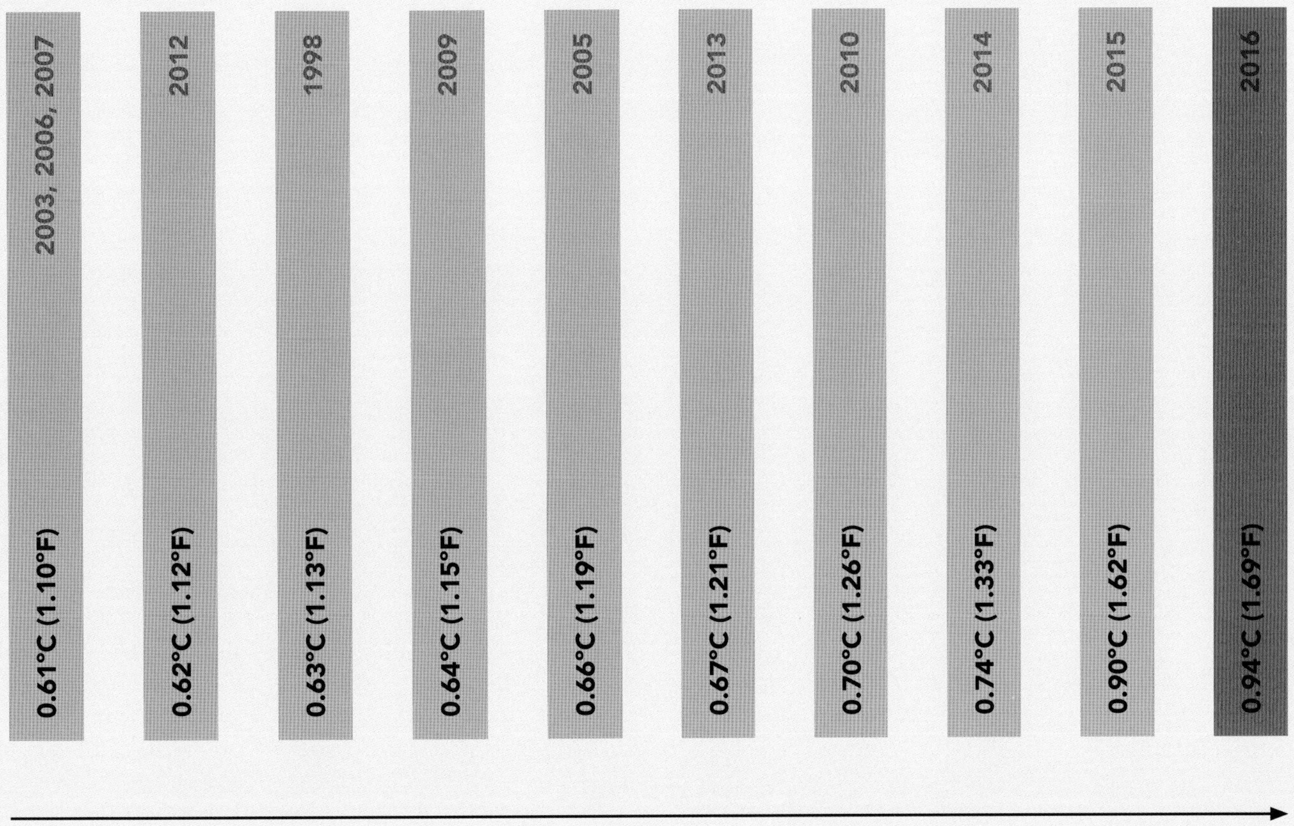

2003, 2006, 2007
0.61°C (1.10°F)
2012
0.62°C (1.12°F)
1998
0.63°C (1.13°F)
2009
0.64°C (1.15°F)
2005
0.66°C (1.19°F)
2013
0.67°C (1.21°F)
2010
0.70°C (1.26°F)
2014
0.74°C (1.33°F)
2015
0.90°C (1.62°F)
2016
0.94°C (1.69°F)

自1880年開始有紀錄以來的年份，與20世紀的年均溫做比較，所得出最異常溫暖的年份。

的，南極每年則平均增加了 18,907 平方公里。我們長期以來一直認為北極和南極是雙胞胎，也是彼此的翻版，但越來越多的證據顯示，這樣的描述並不切實際；其實兩地的命運大不同。

這幅地圖的資料是根據美國航太總署從世界各地的氣象儀器網路蒐集而來的大量數據繪製而成，其中包括 6,300 處氣象站、船隻和海上浮標對海洋表面溫度的觀測，以及在南極研究站（Antarctic research stations）進行的測量。然後對可能會讓圖形錯誤呈現的任何事情，進行數據分析和糾正，例如，鄰近城市所釋放的熱能。

空中交通
AIR TRAFFIC

◯ 大小表示航班數量

◔ 顏色表示經度

3,200座機場
6萬條航線

這是一個用飛機航線編織而成的世界，這些編織線在某些地方呈現出結實密集且明亮的纏結，只有在進入黑暗空洞的地方才能理順那些線條。即使受到經濟衰退、稅收和恐怖主義的影響，航班的數量還是持續的成長。2016 年全球旅客人數成長超過 6%，多年來也都大約維持這個數字或以上的上升速率。產業預測員自信地預測這個成長會持續到 2030 年。未來，這些編織線將變得更加緊密和更加明亮，而且織線之間的空隙會開始填補起來。

事實上，這幅地圖令人驚訝之處在於沒有航線經過的空曠區所剩不多。非洲只占世界空中交通量（付費旅客乘以旅行距離）的 2%。亞洲擁有全球 31% 的空中交通，數量超過歐洲，但由於亞洲是個地廣人稠的大陸，所以這是一個很低的數值。當然，亞洲的天空也沒有像西北歐那樣密密麻麻的軌跡，所以乍看之下，亞洲像是個非常現代化的地方，事實上卻相反，有些地方甚至異常的落後。亞洲經濟的崛起和世界工業轉向東方，結果還沒有在空中交通上面反映出來。

即使波斯灣阿拉伯國家（Gulf States）一直瘋狂的興建機場，但還是未能達到歐洲一樣的盛況，在歐洲，航空旅行的分量遠超過亞洲。儘管卡達擁有每百萬人口中旅客抵達人數最多的數字（618,362 席／每百萬人），但這幅地圖顯示北大西洋是地球主要的航空樞紐：歐洲和美國之間的航空交通仍然是主要的世界旅遊舞台。

所以，到底發生了什麼事？大多數貨運方式還是以海運為主，而空運是一種昂貴的貨物運輸方式。而像中國和印度這種人口超過 10 億的國家，中產階級正迅速膨脹，但大部分的人口還是無力負擔航空旅遊。不過，這個狀況即將改變，然後這一幅地圖就會成為歷史珍品。空中交通量的大幅增長，來自空中交通網路上尚未被劃分出航線的地方：這些地方會出現在亞洲、拉丁美洲（Latin America）以及經濟快速發展的非洲。

卡達

618,362席

每百萬人

剛果民主共和國

377席

每百萬人

卡達有最高的旅客席每百萬人
比率，比剛果民主共和國高出
1,600倍。

　　一張更密集的航線網絡正在鋪蓋全球，它串起了人們也連接了開放社會之間的交流，使他們更加相似。不僅僅是技術或經濟的變化，這也是一種心理上的，甚至一種道德的轉變。今天如果問人們最近在忙什麼，他們會告訴你，他們去了哪裡旅行。不去旅行、一直待在同一個地方，成了一種現代的罪惡感，也反映出你的惰性與失敗。我們就跟著這個世界的新視野，一起出發去旅行吧。

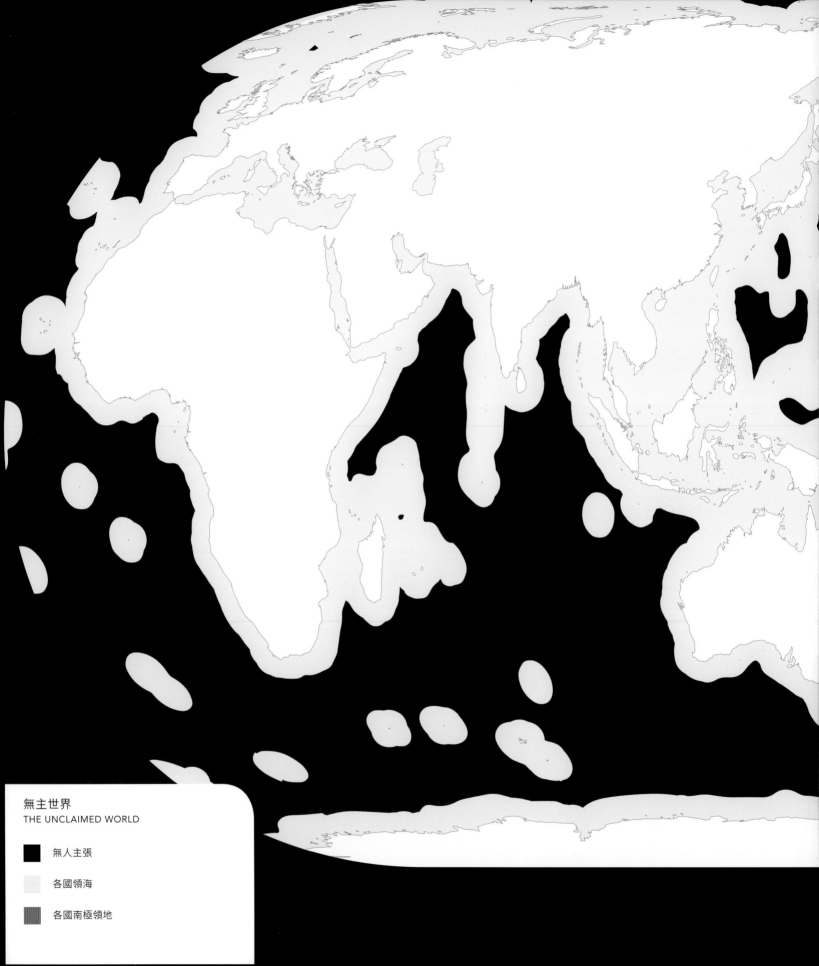

無主世界
THE UNCLAIMED WORLD

■ 無人主張

各國領海

各國南極領地

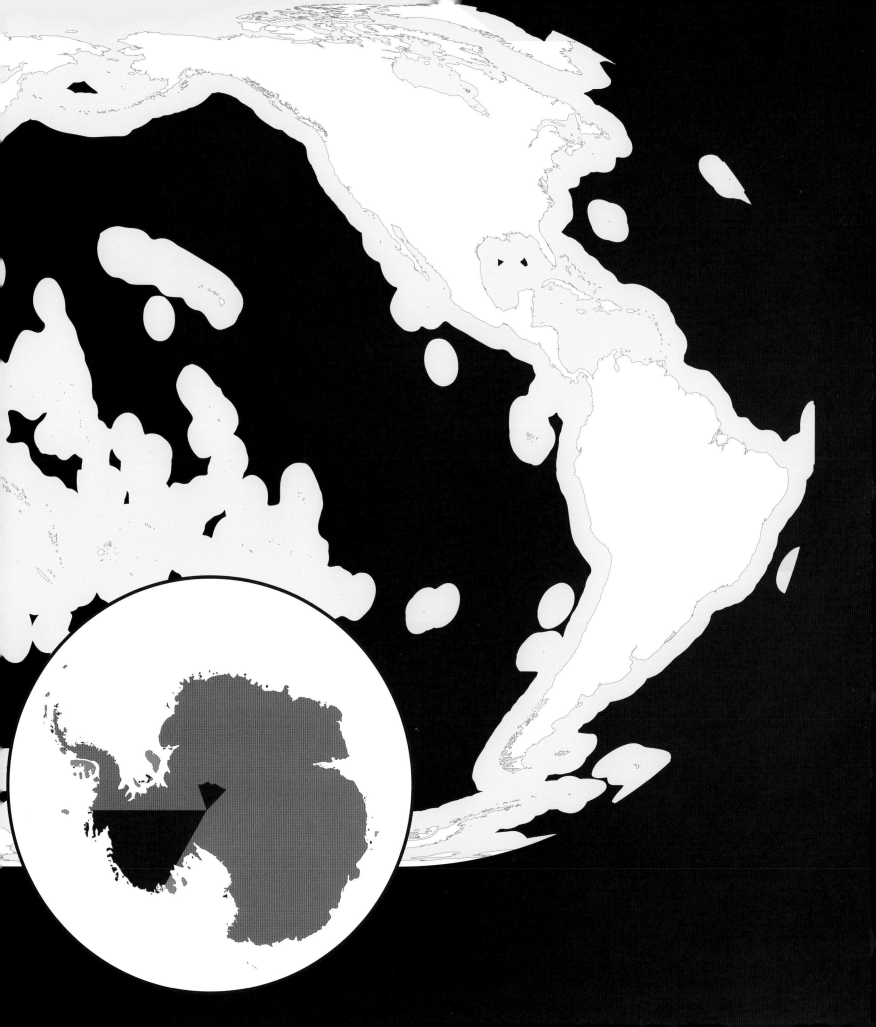

無主世界

　　值得提醒的是，世界大部分地區其實不屬於任何國家。雖然南極洲有很大一塊土地仍是無人主張的，不過其實地球上無人主張的區域大部分是水域。南極洲的其餘部分，在 1959 年由當時七個國家（阿根廷、澳洲、智利、法國、紐西蘭、挪威和英國）簽署的〈南極條約〉（Antarctic Treaty）瓜分。

　　無主世界通常從一個國家的海岸平均退潮線以外 370 公里開始算起，在此界線以內，是「專屬經濟區」（exclusive economic zone，又稱經濟海域）。與「領海」（距離岸邊僅延伸 22 公里）不同，這個區域不屬於其他人，只有特定國家才可以對該區域進行開發利用。鑑於海床底下存有石油、天然氣和許多其他資源，而且這些資源在陸地上即將耗盡，所以這個專屬區域是非常有價值的資產。海岸線長的國家就具有內在的經濟優勢。對像丹麥（Denmark）這樣的小國家而言尤其如此，丹麥可以獨占其自治領土格陵蘭島周圍的經濟海域。

　　擴大經濟海域的一個方法就是在公海建造島嶼，這是目前中國正在進行的一項措施，迄今為止，這項措施幾乎沒有受到阻撓。這種活動顯示出，或許有一天，每個國家都會用一樣的方法占領無主世界，那時候整個世界都會被納入「專屬區域」（exclusive zones）。這其實不會是太牽強的想像。

　　理論上公海是自由的，任何國家或任何人實際上都可以在那裡釣魚、航行和做任何他們想做的事。現實卻不是這樣，而是有點複雜的。根據〈聯合國海洋法公約〉（United Nations Convention on the Law of the Sea）：「每個國家應對懸掛該國旗幟的船舶有效地行使行政、技術及社會事項上的管轄和控制」。所以即使你在國際水域，在法律上，你的船隻就是所註冊國家的小部分延伸國土。事實上，某些國家更進一步推動這一主張。例如，美國提出對「任何國家管轄以外的任何地方都不能對美國公民進行違法行為」的「特殊海事和領土管轄權」（Special Maritime and Territorial Jurisdiction）。國際法還承認各國有權在國際水域對海盜、販運人口或恐怖主義等重大犯罪行為採取行動。

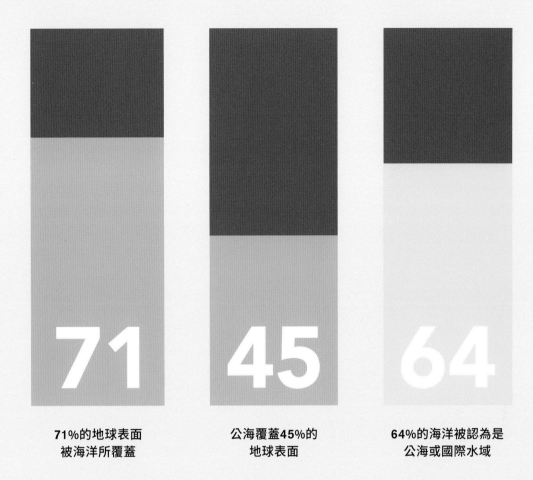

71 71%的地球表面
被海洋所覆蓋

45 公海覆蓋45%的
地球表面

64 64%的海洋被認為是
公海或國際水域

　　因此，這裡無主之地顯示的，不完全是法外之地的地圖，或者是脫離國家管轄的地圖。另外，無主之地還有另一個限制條件：「無人主張」（unclaimed）一詞應該以「國際公認」為先決條件。〈聯合國海洋法公約〉更令人困惑的一個章節是，它承認一個國家在大陸棚（continental shelf）上的主張，這個地質學概念已經陷入地理政治中了。一處大陸棚可以伸展到海裡 644 公里，然而定義大陸棚由哪裡又為什麼開始以及結束，已經被證明是有爭議的。

　　所以說，一旦那些領海聲明真的獲得國際的認可，那這幅地圖上的藍色地區是無人主張的說法就變得不太確實。許多這些「未被承認」的聲明涉及北極地區。加拿大在 1925 年宣稱擁有北極主權，從那時候起，就有許多其他自稱擁有其主權的國家。俄羅斯就以實際行動反駁加拿大的宣稱，2007 年，俄羅斯執行俄羅斯北極 2007 行動（The Russian Arktika 2007 expedition），遠征至北極，潛到北極冰棚下的海床，直接插上俄羅斯國旗。這些國家都想要北極，不過，北極是那些國家的嗎？無主世界有越來越多的主張以及反主張領域。

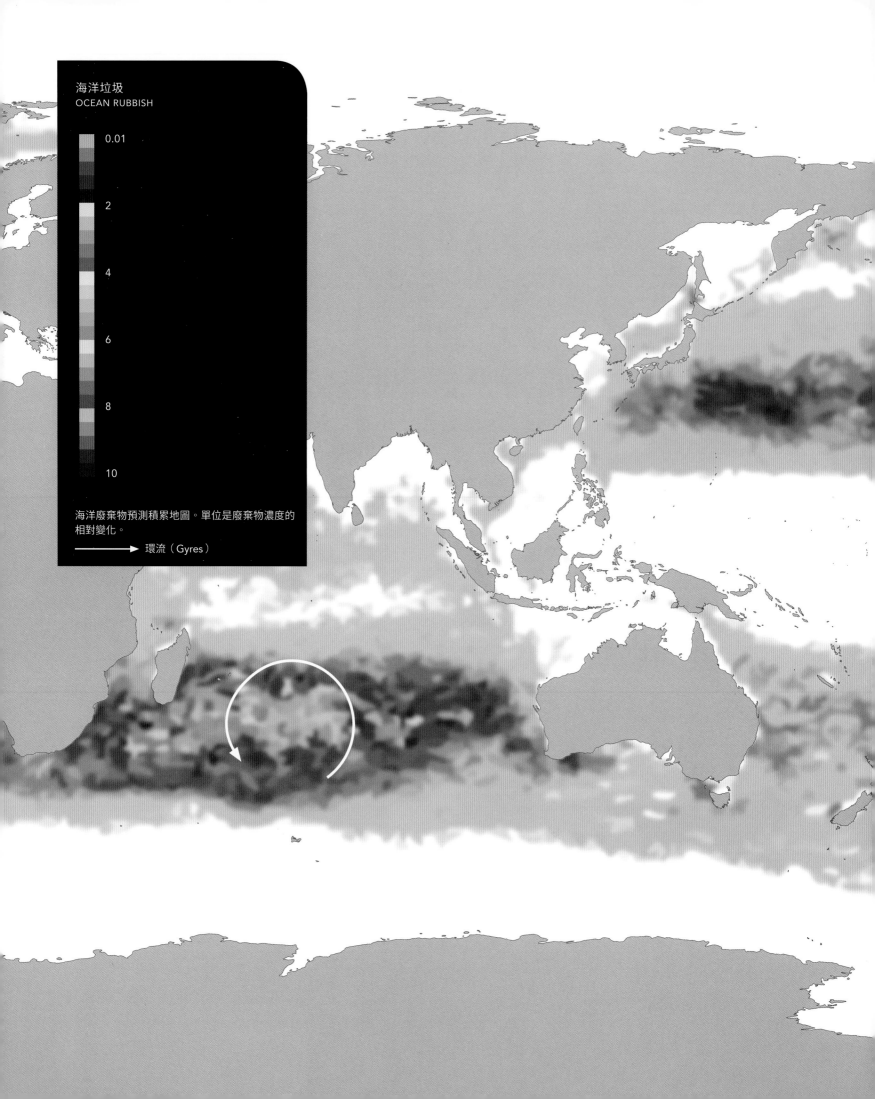

海洋垃圾
OCEAN RUBBISH

0.01

2

4

6

8

10

海洋廢棄物預測積累地圖。單位是廢棄物濃度的
相對變化。

→ 環流（Gyres）

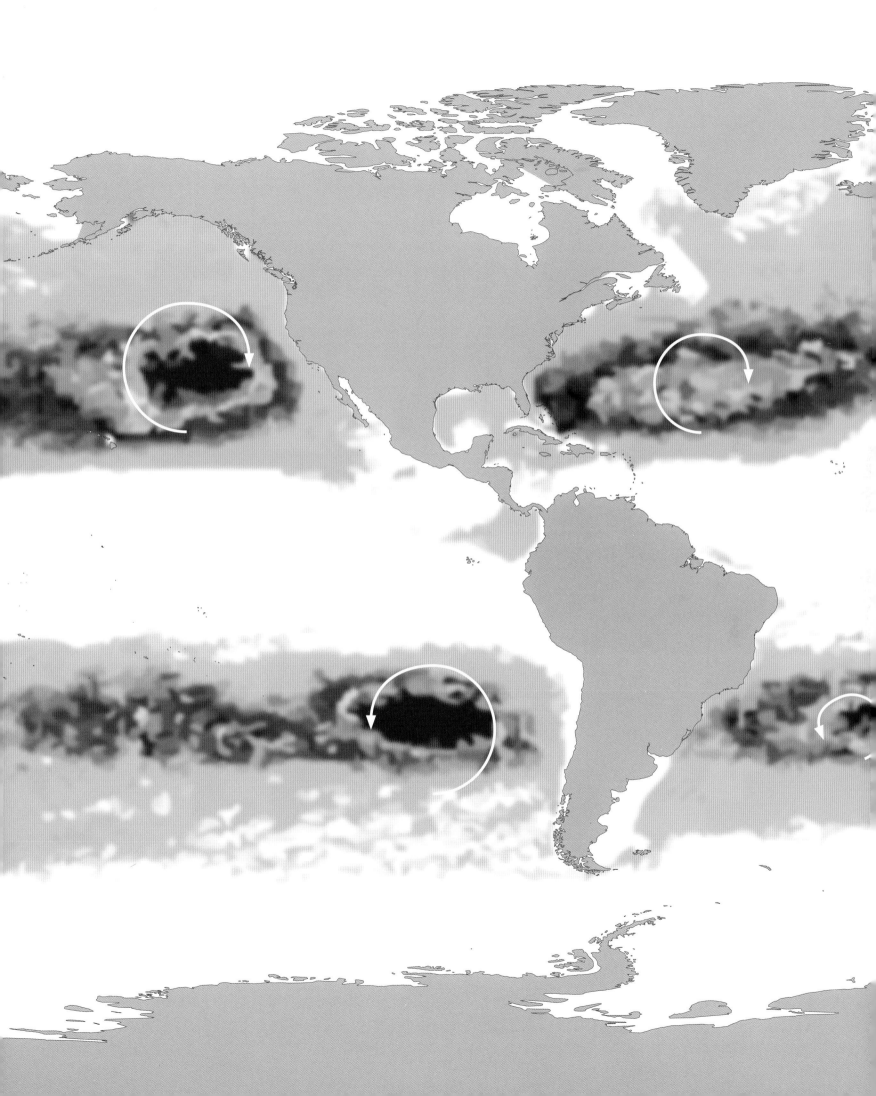

海洋垃圾

OCEAN RUBBISH

據估計，太平洋垃圾漩渦（Pacific Trash Vortex）的規模介於 70 萬平方公里至 1500 萬平方公里之間，也稱為太平洋垃圾帶（Great Pacific Garbage Patch），它不是以一個單一實體存在，更像是一鍋垃圾湯或是光彩奪目的垃圾星系，其中大部分漂流在水面下，但也常常在水面上形成厚厚的一層。

所有從太平洋海岸掃入或是船隻丟棄的東西，都會捲入循環的洋流，最終來到消費主義的墓地裡。約 20% 的海洋塑膠來自船舶，其餘的是從海灘沖刷下來或是河流帶來的。足球、皮划艇和樂高積木都有，伴隨著大量塑膠瓶和漁網。洋流和浮力的結合，讓非常耐久的垃圾累積成日益增長的垃圾堆。

塑膠是令人驚奇的東西：它是最輕、最有用又最耐久的材料之一，我們每年生產的數量大約是 30 萬公噸。塑膠降解需要 500~1,000 年。每十年，塑膠的生產量就翻倍，其中大部分都沒有回收利用，因此現在已成為海洋汙染的主要來源。它讓海洋中的生命窒息。據估計，在太平洋垃圾帶的中心，幾乎每平方公里含有 48 萬件塑膠。由於動物正在吃這些廢棄物的碎片，所以牠們正在服用有毒的汙染物。最近從太平洋蒐集的魚類研究發現，三分之一的魚曾食用過塑膠顆粒。

這幅地圖是根據夏威夷大學的尼古拉·馬克斯門科（Nikolai Maximenko）開發的電腦模型，且結合了我們對海洋流和海洋廢棄物的了解。地圖告訴我們，在我們所有的海洋中，都可以見到這些新的非自然的自然系統（unnatural-natural systems）。

北半球和南半球的海洋有不同的垃圾循環系統，這是因為它們有獨立的循環洋流，稱為環流（gyres）。它們在北半球順時針旋轉，在南半球則是逆時針旋轉。北大西洋垃圾帶在 1972 年首次確定，就像它在其他海洋上的表兄弟一樣，並沒有根植於一個地方，而是在一年內漂移了大約 1,600 公里。

許多解決方案已經提出，以補救我們充滿垃圾的海洋問題。但問題的規模

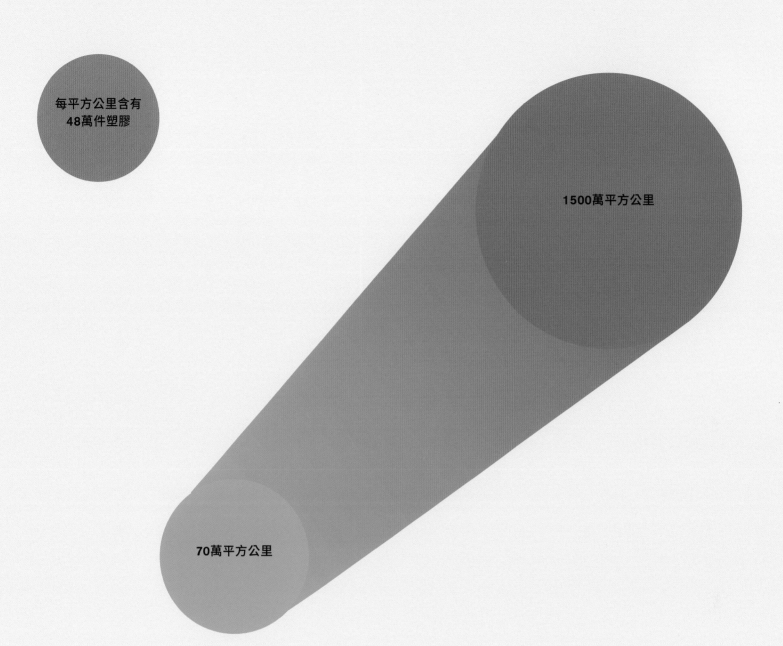

每平方公里含有
48萬件塑膠

1500萬平方公里

70萬平方公里

太平洋垃圾漩渦的估計範圍。

如此之大，已經遠遠超出任何一個國家所能控制的範圍，所以每個國家都沒有意願也不想出錢來清理。

理論上我們可以將垃圾撈起、處理（不過如何以及在哪裡處理又是另一個棘手的問題）。如果世界領導人可以建立一個統一的戰線來抵禦這種共同的威脅，那該有多好。但是現在，許多科學家都贊成使用低戲劇性和低科技程度的方案來解決垃圾問題。兩個關鍵建議是簡單的：減少我們的塑膠使用量，以及不再亂扔塑膠。

未知的海洋
UNKNOWN OCEANS

已勘探的海洋

未勘探的海洋

陸地

未知的海洋
UNKNOWN OCEANS

大部分生活在海洋中的生物都是未知的。以下的事實可能讓人難以消化，但正如這幅地圖所證明的：淡藍色的區域，指的是我們有調查數據、海洋生物已研究過和確定的；深藍色區域則是我們有很少或沒有調查數據的地方，這些廣闊的地區覆蓋了全球主要的地區，包括許多沿海地區和湖泊。

這幅地圖於 2010 年年底發表，源自「海洋生物普查」（Census of Marine Life），是至今地球上最大規模的生物普查：2,700 位科學家和 540 次探險行動用以考察海洋的生命。因為這樣的調查，大大增加了我們的知識，發現了 6,000 種新物種。

許多發現是驚人的：一大層棲息海底的微生物，現在是地球上最大一群的生命形式之一；被認為在 5000 萬年前滅絕的一種蝦子，現在又發現了；還有在海底無氧區生活的複雜多細胞動物。在較小規模調查的情況下，生物普查在每公升海水中就發現含有 38,000 種不同種類的微生物。它還證實了，不包括微生物，大約有科學目前已知的 25 萬種海洋物種。還有一份候選清單，其中偵測到但尚未清楚描述的約有 75 萬種其他物種。此外，生物普查中也估計，大約有 10 億種海洋微生物。

我們的知識有很大的差距。我們對月亮比地球的海洋最深處了解得更多，這概念一點也不誇張。有六次不同的載人任務上到月球，但是只有兩次有機組人員去到距離海面 11 公里的海洋最深處，也就是馬里亞納海溝（Mariana Trench）的挑戰者海淵（Challenger Deep）。

海洋普查員告訴我們，那個幾乎沒有數據的挑戰者海淵在很大程度上並不是模糊的角落，它們既深遠又廣闊。深海底的沉積物很難取得，但它們是物種豐富度最高的海洋棲息地之一。深海最底層的每一次遠征都能找到未知的物種，但考察次數仍然不夠多，這意味著估計新物種數量的誤差範圍很大，從不到 100 萬到 500 萬都有。

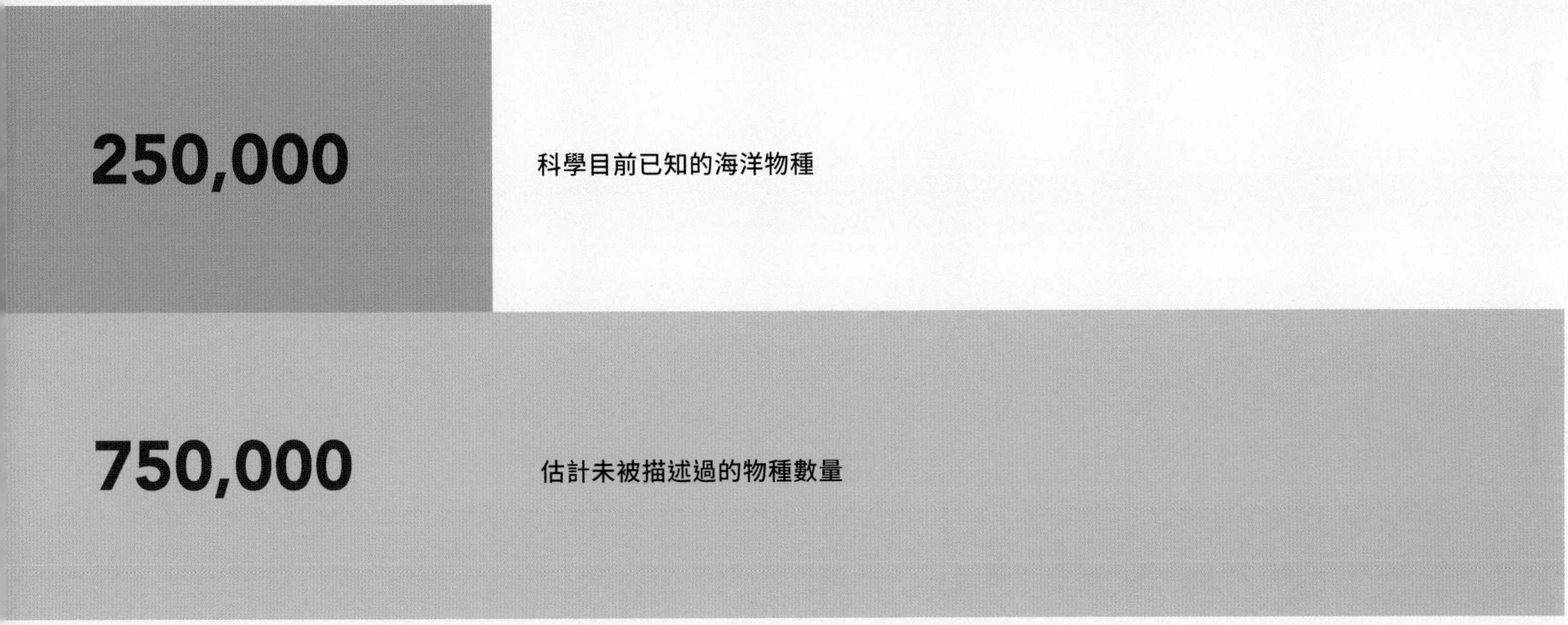

250,000 科學目前已知的海洋物種

750,000 估計未被描述過的物種數量

　　對海洋生物的全面了解還有很長的路要走。但這只是讓我們知道自己是多麼的無知。也許生物調查已經讓我們知道，我們還有更多的事需要了解。

海底大探險
DRAINING THE OCEANS

露出海面的區域

海平面下降100公尺的投影圖

海底大探險

在這裡，我們看到如果海平面下降約 100 公尺，世界看起來會是什麼模樣。某種程度上，這是時光倒流至西元前 1 萬年前的樣子，當時世界上許多水還困在冰帽和冰川之中，所以水位比現在低得多。當時的英國不是一座島嶼，人們可以一路走過北海（North Sea）。這正是為何考古學家一直在北海底發現矛和斧頭的遺跡，並將這個被淹沒的王國稱為「多格蘭」（Doggerland）。北海不是唯一的淺海，也不是過去唯一可能存在的陸橋（land bridge）。在海平面下降 100 公尺之後，東南亞（South East Asia）大部分地區都連接了起來，巴布亞新幾內亞（Papua New Guinea）也和澳洲聯成一塊更大的島洲。我們還可以看到，首次讓人類可以從北方進入美洲的陸橋再次出現，這陸橋讓人類可以直接通過西伯利亞進入阿拉斯加。

這幅投影圖是從美國航太總署的國家地球物理數據中心（National Geophysical Data Center）而來的一系列數據所組成的結構。在某個層面上，它的呈現方式很簡單。了解海洋中如此多樣以及戲劇性的山丘和山谷的地形，真是一件迷人的事。水下 100 公尺，這是美國航太總署首批圖像的其中一張。有些一路延伸到大洋中間，較高的海底山脈需要花一段時間才能開始呈現出高低起伏，這些中洋脊（mid-ocean ranges）——例如縱貫大西洋中間的那座——只有在 2,000~3,000 公尺的深度才會開始出現。你必須等待很長時間才能漏光大西洋的海水：一直到深近 6,000 公尺處才能見底。即使真的將大西洋的海水清空，真正深邃的海溝還是一樣充滿海水，其中最深的是馬里亞納海溝，有將近 10,911 公尺深。

我們對海平面的預測是上升而不是下降。但是，關注逆向過程，也就是海洋排空的興趣，不僅僅是一廂情願的想法。海底的地形曾經是製圖上未知的地域，但是我們現在正在開始，像地球的其他地方一樣，將海底地形地圖畫出。知道水下的丘陵和山谷對於油井探勘和島嶼建造者來說是必要的；對自然資

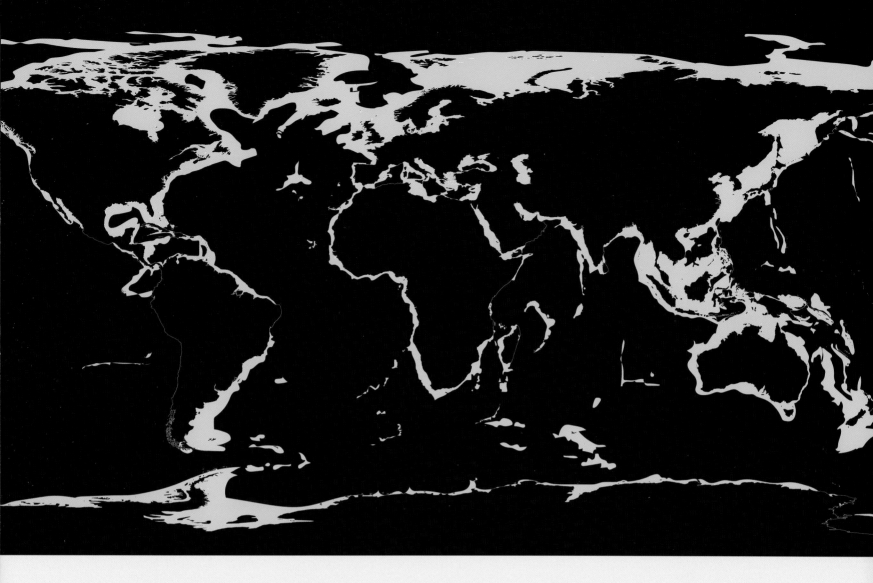

海平面下降2,000公尺所呈現
的大陸棚與中洋脊地圖。

源保護者和海洋科學家而言也是必需的。過去的幾十年中,海洋探測學——水
下地形的研究——已經有革命性的變化。人造衛星在這項研究中發揮了關鍵作
用,透過測量海洋表面的高低變化,美國和歐洲的人造衛星,利用測量因為海
溝和山脊的重力拉扯而表現出的水下特徵,再將這些數據繪製成新一代的海底
地圖。那個我們只能繪製海平面以上小部分世界地圖的日子已經過去了。

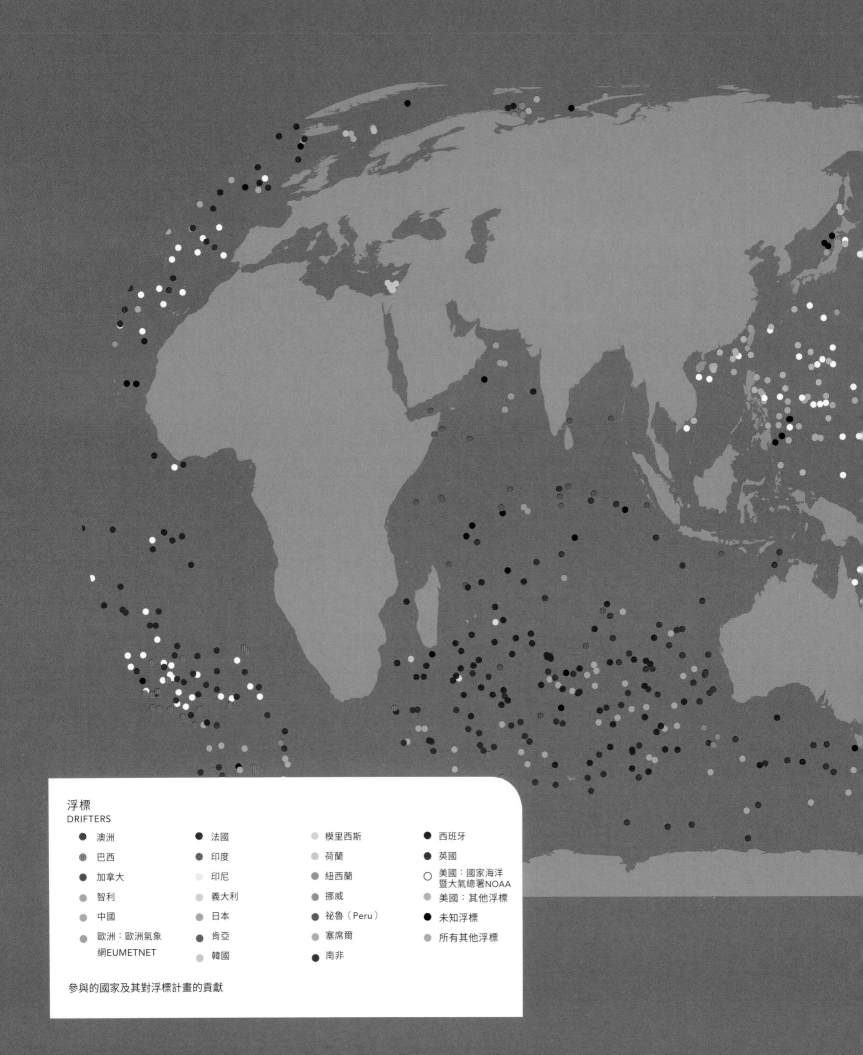

浮標
DRIFTERS

- 澳洲
- 巴西
- 加拿大
- 智利
- 中國
- 歐洲：歐洲氣象網EUMETNET

- 法國
- 印度
- 印尼
- 義大利
- 日本
- 肯亞
- 韓國

- 模里西斯
- 荷蘭
- 紐西蘭
- 挪威
- 祕魯（Peru）
- 塞席爾
- 南非

- 西班牙
- 英國
- ○ 美國：國家海洋暨大氣總署NOAA
- 美國：其他浮標
- 未知浮標
- 所有其他浮標

參與的國家及其對浮標計畫的貢獻

浮標

DRIFTERS

　　浮標，是可以連續測量水溫也可以測量洋流速度、鹽度和大氣壓力，並將測量結果傳送到人造衛星的海上浮標。然後人造衛星再將該數據反饋回地球，這些資料在線上地圖上會不斷的更新，且允許任何人去察看每一個浮標的位置。雖然資料的統籌是由美國政府管理，不過全球浮標計畫（Global Drifter Program）是一項國際性的工作。這幅地圖為我們提供了一張最新的快照，有關有哪些浮標是屬於哪個國家，以及現在正位在哪裡。例如，我們看到澳洲氣象局（Australian Bureau of Meteorology）所轄的浮標分布在印度洋和太平洋，以及屬於大西洋英國氣象局的浮標位置。美國擁有的陣容最浩大，在太平洋和大西洋都有大量的浮標。

　　海洋研究人員長期以來一直認為需要大量的浮動感測器。1979 年 2 月，一具感測器的原型被運到海上，之後經過標準化且開發出低成本的浮標，1988 年開始大規模部署。此後，數百具浮標已經在世界各海洋上開始飄浮，大大擴大了我們對海洋的了解。在 2003 年 9 月至 2004 年 8 月的一年期間，美國國家海洋暨大氣總署（National Oceanic and Atmospheric Administration）管理的全球計畫，共部署了 658 具浮標：其中的 440 具由研究船所設置，201 具由參加「志願觀測船舶計畫」（Voluntary Observing Ship Program）的船隻所流放，另外還有 17 具是自空中投放的。2005 年 9 月 18 日完成浮標設置目標，並維持一個由 1,250 具浮標組成、足已覆蓋所有區域的網路。

　　浮標附著在一條海錨的末端上，這可以使浮標放慢速度，防止它們漂離既定路線太遠。然而，浮標經常在公海上面臨嚴重的損壞，或失去錨點，最終會被沖上海岸邊，偶而會被好奇的路人發現。全球浮標計畫非常願意監測所有浮標的下落，包括在行動中失蹤的浮標。該計畫會指示發現失落浮標的人：「尋找任何身分證明（通常是五位數的數字），或浮標表面的使用指南」「拍攝浮標及其所有組成部分」「聯絡並將所拍攝的照片以及盡可能詳細的資訊傳送給

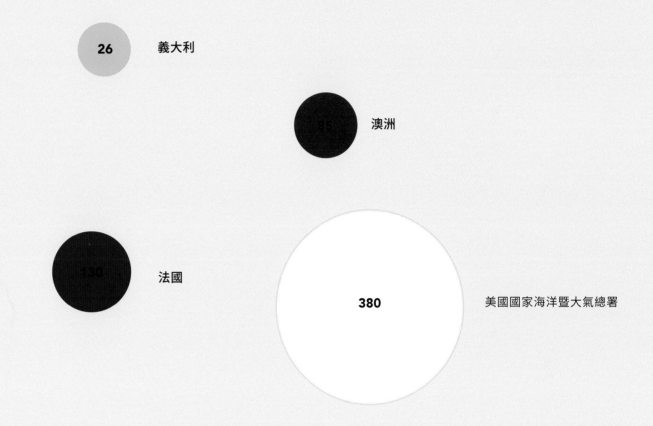

1 模里西斯

2 印尼

26 義大利

85 澳洲

130 法國

380 美國國家海洋暨大氣總署

圖上所示的是屬於五個國家以及美國國家海洋暨大氣總署的浮標數量（資料精確度到2017年3月20日止）。

『浮標的網路管理員』」。

　　未來，更多的浮標將送到海洋中最不知名和不太了解的部分地區。在最複雜和紊亂的水域也將密集部署。新的感測器也會擴充功能範圍，讓浮標可測量更多項目，例如導電性、降雨率、生化濃度以及大氣和海洋相互作用的許多方式。

閃電 LIGHTNING

0.1　　　75.0　　　150.00

每年每平方公里的閃電次數

<0.1

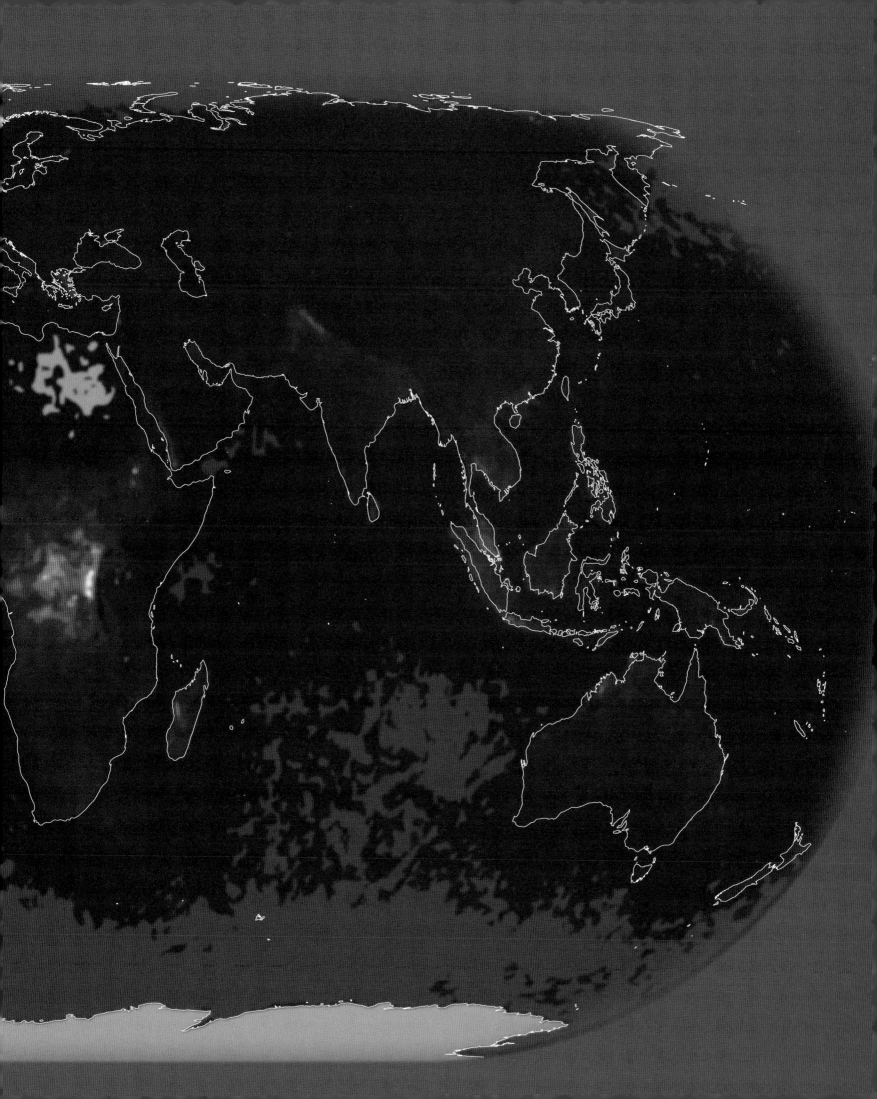

閃電

　　飛越海洋，天空依然黑暗而陰沉。但在陸地上可就不一樣了，往熱帶地區的方向前進，可以見到無數藤蔓般的明亮閃電撕裂了天空。閃電在熱帶非洲的天空比其他任何地方都更加活躍，尤其是在東剛果（Eastern Congo）地區，閃電活動特別激烈。這幅地圖是根據 1995~2013 年間，每年每平方公里的平均閃電次數繪製的。閃電最少的地方標記為灰色和深紫色；這些色塊圍繞在兩極地區以及所有海洋地區，還有北半球的大部分高緯度地區。

　　世界閃電之都是個有爭議的頭銜。剛果民主共和國東部山區的小村莊奇富卡（Kifuka）主張自己就是世界閃電之都，這幅地圖似乎也支持了這種說法。在奇富卡，每年每平方公里發生 205 次雷擊。然而，最近世界閃電之都的頭銜換成了委內瑞拉的馬拉開波湖（Lake Maracaibo），在那裡已經記錄到每年每平方公里發生 233 次閃電。不管是奇富卡或是馬拉開波湖，閃電次數都很多，尤其是與地圖上較暗的部分相比較更能突顯出差異。那些地圖上較暗的地方，每年每平方公里遠低於出現一次閃電。

　　地球上每秒可以看到大約 40~50 次閃電，在一年的時間裡總共閃耀了大約 14 億次。海面上沒有太多的閃電出現，因為海面不像地面那樣容易升溫。地面相對較快地升溫，然後釋出熱量，如此就會產生空氣對流以及造成大氣的不穩定性。因此，產生閃電的雷電雲通常會出現在陸地上。也因為熱是驅動閃電產生的主要因素，所以位於較寒冷地區的國家閃電出現的機會就會比較少。

　　閃電的地理學這個主題本身，不像字面上聽起來那麼有神秘感。雷擊死亡的人數一年大約 6,000~24,000 人，但是沒有人真正知道這個數字是怎麼統計出來的。不過我們清楚知道的是，迄今為止，雷擊死亡的事故多發生在非洲和亞洲最貧窮的國家中。除了雷擊死亡事件外，雷擊還會造成其他毀滅性的後果，像是殺害家畜、引發火災、造成電流急衝並經由電氣網摧毀電子設備，還有造成電力供應中斷。

格陵蘭
每平方公里少於1次雷擊

委內瑞拉的馬拉開波湖，
每平方公里有233次雷擊

剛果民主共和國的奇富卡，
每平方公里有205次雷擊

兩個閃電活動程度最高的地方
與寒冷的格陵蘭之間的比較。
像格陵蘭這麼寒冷的地方，閃
電會因寒冷而變得罕見。

　　但是閃電還有另外一面。在地圖明亮粉紅色的地區中，我們發現閃電在傳統故事和原住民宗教中也扮演著重要的角色。在許多這些宗教中，閃電是具有神性的，雖然危險但擁有賦予生命的力量，祂由祭司和女祭師所服侍著。祭司的任務是充當人們與魔法勢力之間的溝通橋梁。另外，閃電不只被視為帶來死亡與毀滅者，也是降雨的預兆。

海底電纜
UNDERSEA CABLES

 電纜

　　雖然我們常聽聞人造衛星的重要性，並使用「雲」（the Cloud）這樣的航空概念來談論數據的儲存，但事實上現代世界主要的通訊設備是水底電纜，它們幾乎運載了全球全部的網際網路流量。這幅地圖看起來好像電纜覆蓋到全世界各個角落，但鑑於電纜的作用，實際上覆蓋到的區域數量算是非常少的。世界上有大約 300 個電纜系統，負責幾乎全部的越洋數據傳輸。這幅地圖顯示除了南極洲以外的所有大陸是如何藉由海底通信電纜連結起來，如同東亞與東南亞和北大西洋的密集連接。人口較少或低度發展地區的電纜數量比較少，由澳洲西部以及孟加拉的缺乏連接性就看得出來。

　　海底通訊其實不是一個新的概念。在 1842 年，山繆·摩斯（Samuel Morse）就利用塗了焦油的大麻纖維和橡膠來包裹一根電纜，將電纜放入紐約港水域中，並經由這一條海底電纜發送電報信號出去。之後，第一條跨大西洋海底電纜在 1866 年鋪設；1870 年，連接印度與葉門的海底也鋪設了電纜。近幾十年來，就可發送的數據類型和數量的變化而言，我們已經見證了另一次的工業革命。以前，舊式電纜只是點對點鋪設。現在，海底電纜分支單元（submarine branching unit）可以允許單條電纜連接到多個目的地。電纜的品質與運載量也隨著時代改進，因此，第一條跨大西洋光纖電纜也於 1988 年開始上線服務。

　　海底電纜的現代需求反映出一個不爭的事實：它們能夠提供比人造衛星更大更好的訊號傳輸。海底電纜不只數據傳輸的速度更快，而且每秒可以傳輸數十兆位元組的數據，遠遠超過任何人造衛星所能做的。光纖電纜更使用光對資訊進行編碼，數據也以接近光速發送。此外，電纜也比人造衛星更耐用。電纜不受天氣影響且非常有彈性。近年來，人們對電纜的需求已經超過供給。然而，也只有在海底電纜滿載時，電信公司才會用人造衛星代替傳輸數據。

　　如果你想破壞世界通訊，那麼切斷其中一條電纜會比試圖打下人造衛星更有效率。為了防止電纜遭到破壞，人們於是在 1958 年成立國際電纜保護委員

300

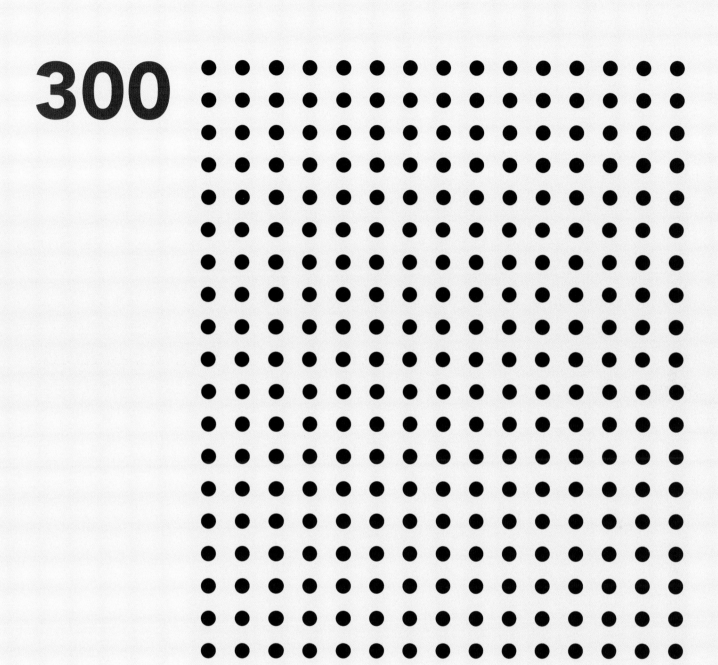

大約有300個電纜系統運載幾乎世界上全部的越洋數據。

會（The International Cable Protection Committee），該委員會的宗旨在制定維護系統安全的方法。今日在海岸邊的電纜都有鋼鐵盔甲，且經常埋在地底。然而在深海裡，電纜的保護是由遠端提供的。但這也意味著修復深海電纜非常困難，事實上，深海電纜每年發生的多起故障事件以及奇怪的鯊魚啃咬事件，比人為蓄意破壞活動來得更棘手。

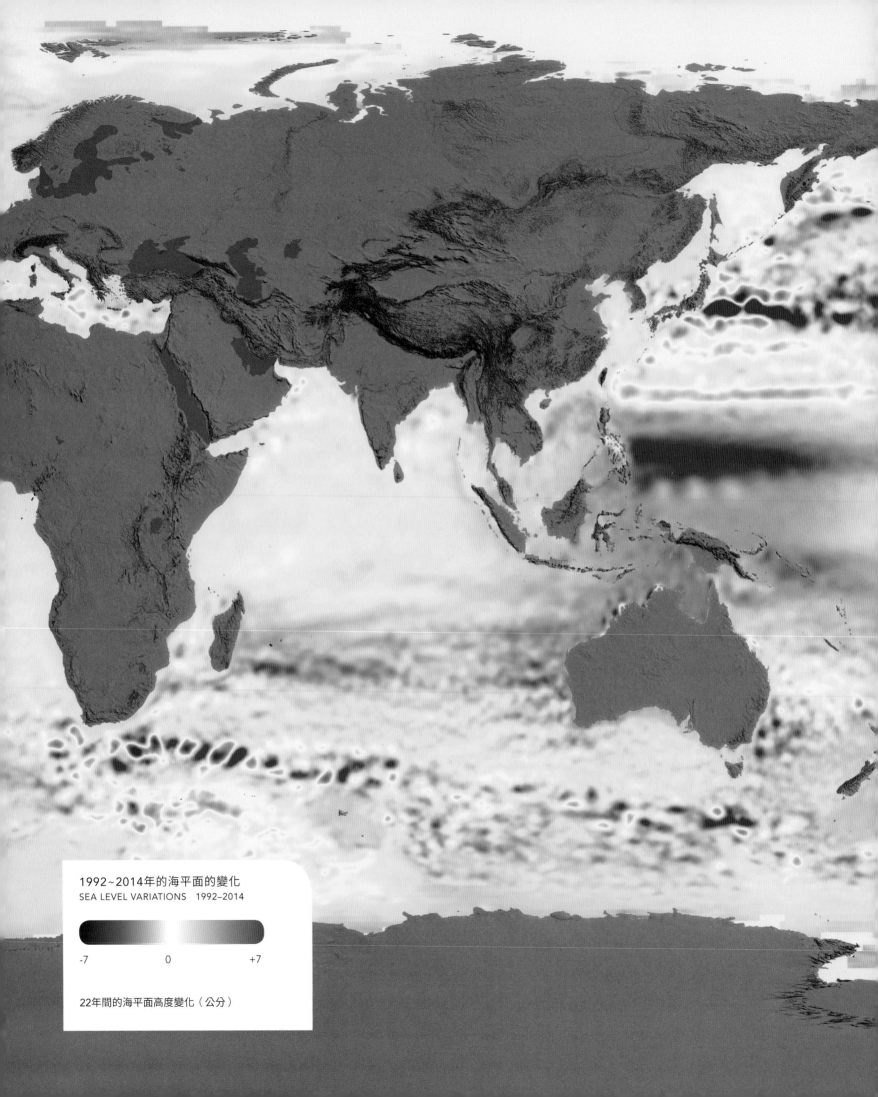

1992~2014年的海平面的變化
SEA LEVEL VARIATIONS 1992–2014

-7   0   +7

22年間的海平面高度變化（公分）

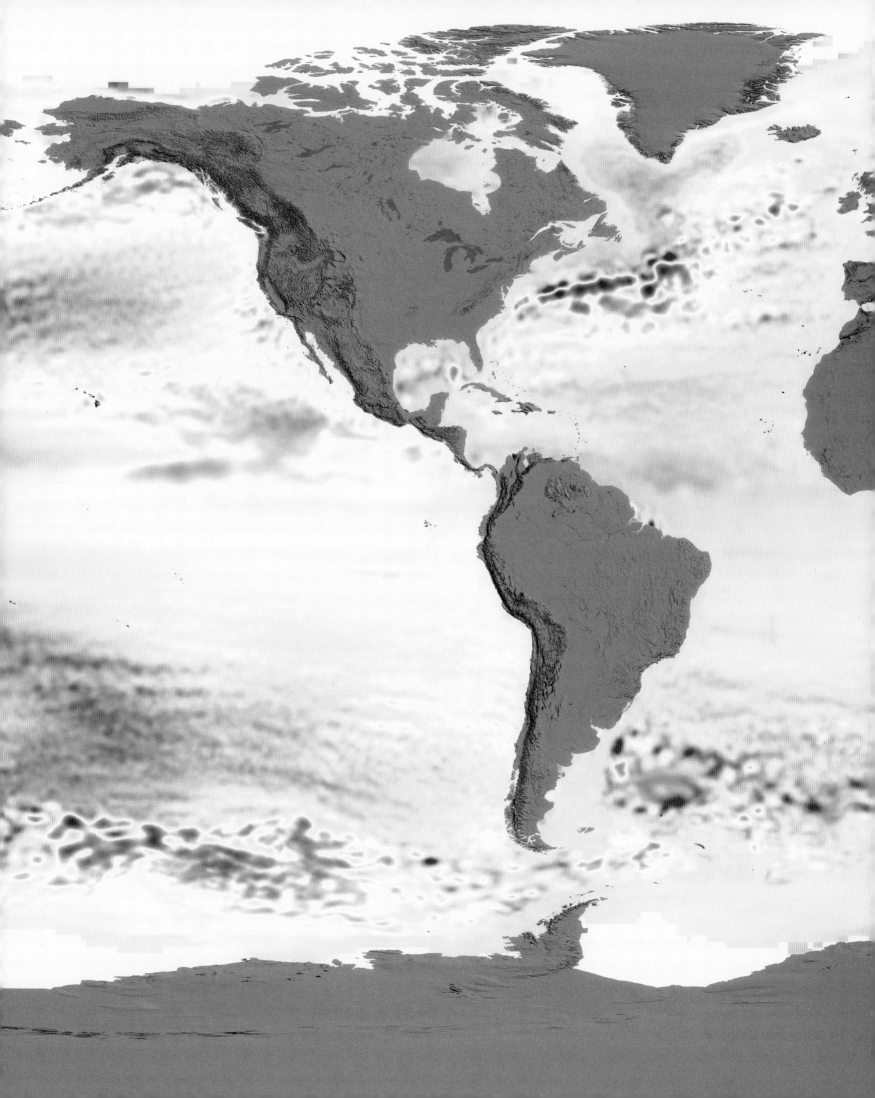

自 1992 年以來，世界各地的海平面上升了近 7.5 公分，但增加的幅度並不一致。整體趨勢是全球化的，但地方性的海平面變化也很重要。海洋是一個平坦且無表面特徵的看法，早已深植我們的觀念當中，但是現在我們需要習慣將海洋視為動態，且高度和深度範圍會快速移動的東西。當然，我們並不是在說像聖母峰一樣高大的水波，這裡談到的是美國航太總署所觀察記錄的數據，也就是在正負 7 公分之間的下降和上升，但實際上的測量數據比這個正負極限更大。這數值可能聽起來不大，但對數百萬生活在低窪地區的人來說，即使是最小的增幅也可能意味著安全與滅頂之間的差異。

水位高度的製圖對製圖師來說是個新領域。它是一大挑戰，變化很小，但不斷在移動。這個海平面高低起伏的數據是由數顆不同的人造衛星蒐集的，彙編了 1992~2014 年期間蒐集的資訊。

根據美國航太總署的湯姆・華格納（Tom Wagner）的簡介：「海洋具有地形。你幾乎可以把它看成像一個有山峰和山谷相連的山脈，」他補充說：「加州（California）海岸現在有一點點像山谷的地形，這是由風和洋流一起作用所造成的。」華格納告訴我們，海平面上升有兩個主要原因，一個是眾所周知的：因為冰帽和冰河融化釋出的水。但海平面上升的一半原因可以由另一個因素來解釋，也就是隨著地球的暖化，海洋也隨之變暖，因為隨著海洋溫度升高，體積也跟著擴大，而導致海平面上升。

鑑於水的熱脹冷縮，這些色塊也代表溫度變化的指標。此外，由於冷卻的海水鹽度會變高，反之亦然，溫暖的海水鹽度較低，所以這也是海洋鹽度變化的地圖。但是，地圖顯示海洋高度變化的方式，才是真的吸引人們注意的地方。

特別引人注目的是，在西太平洋，風和洋流已經將溫暖的海水累積起來。太平洋的擴張顯示，東南亞各地擁擠的沿海社區可能比以前想像的更加危險。

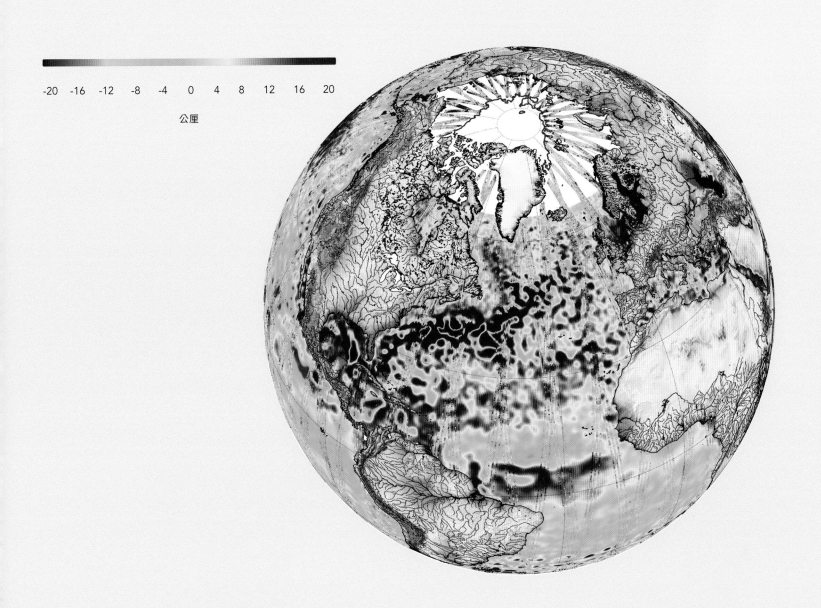

-20 -16 -12 -8 -4 0 4 8 12 16 20

公厘

2012年9月，當海冰的面積來到歷史新低時，當時的人造衛星拍攝到的不同海平面高度。

其他危險地區位於南冰洋（Southern Ocean）和北大西洋北部，但這些地區的沿海人口少，這也意味著，我們應該把注意力集中在那些生活在低窪地區的數億人口上，菲律賓就是一個典型的例子。

海平面的變化　　　　**89**

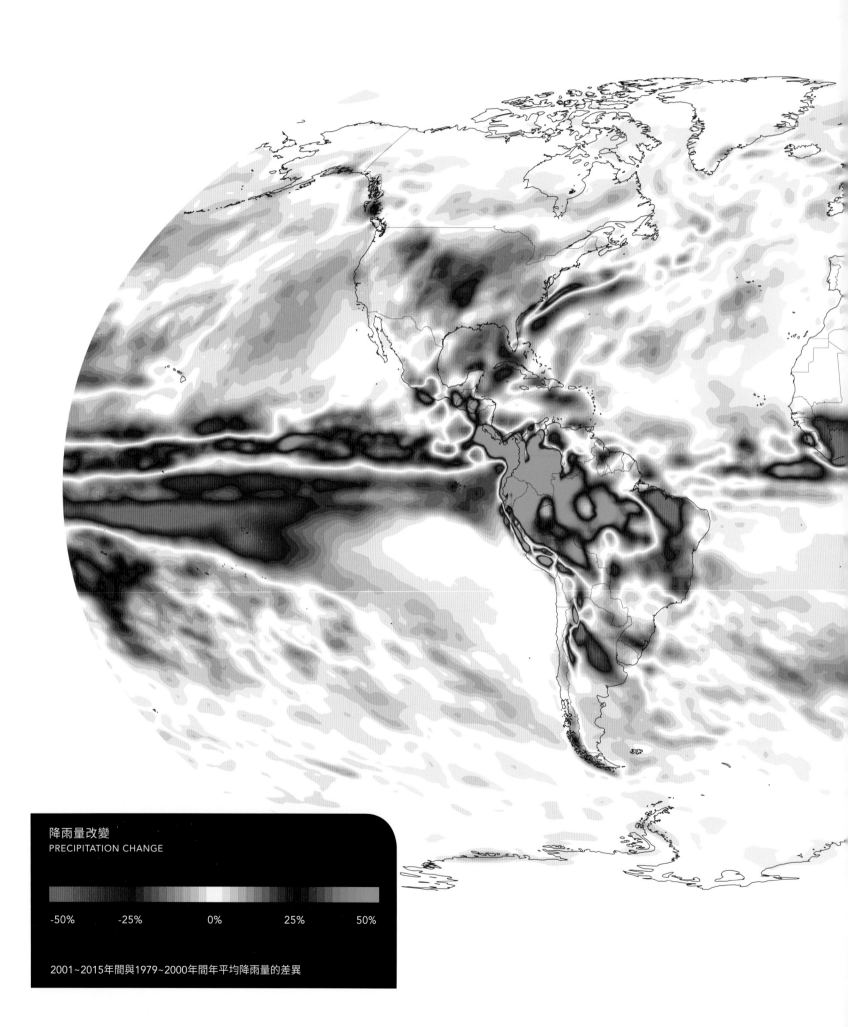

降雨量改變
PRECIPITATION CHANGE

-50%　　-25%　　0%　　25%　　50%

2001~2015年間與1979~2000年間年平均降雨量的差異

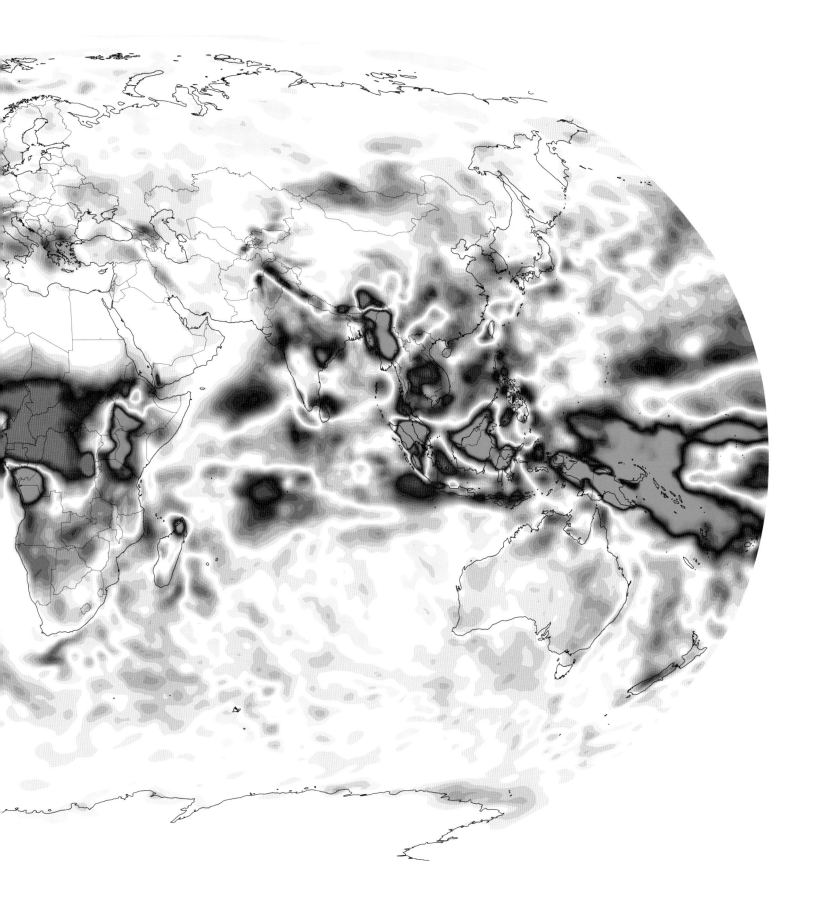

　　氣候變遷使我們大家都成了天氣觀察者。一個暖化的世界，聽起來就像是一個更乾燥的地球，這樣描述很多時候是正確的。這幅地圖上顯示的深橘色和薄霧狀棕色區塊就是已經變得更乾燥的地方。這些區塊十分巨大；橫掃過北美洲、歐洲和亞洲以及南半球的海洋和澳亞地區，不論是降雨或降雪量都明顯減少。

　　不過，地圖中同樣引人注目的一個面向，是其中顯示出的不均勻性和紊亂性，特別是在熱帶地區。這個地區是最具戲劇性的地方，南美洲和東南亞地區的大片區塊雨量增加日益顯著，但這些潮濕的地區卻又緊臨著雨量明顯下降且越來越乾燥的地區。另外面積廣大且人口眾多的撒哈拉以南地區，原本就長期遭受乾旱之苦，然而在地圖上也呈現出深橘色，實在是一個難以忽略又令人擔憂的徵象。

　　這是一幅關於 2001~2015 年間與 1979~2000 年間平均年降雨量差異的地圖。它源自歐洲中期天氣預報中心（European Centre for Medium-Range Weather Forecasts）提供的數據。地圖顯示最近的變化，但長期研究也得出結論：許多熱帶地區比一百年前明顯更朝濕或更乾燥。

　　更進一步看這幅地圖，會發現地圖正告訴我們特定的故事。我們來看看馬利（Mali），這裡的撒哈拉沙漠每年都在向南擴張。馬利是一個擁有 1400 萬人口的西非國家，幾十年來，其北部沙漠遭受了乾旱，但最近，在南部的傳統肥沃又潮濕的三分之一國土，已經失去一半以上的年降雨量。後果不僅僅關乎人道主義，也與政治有關。乾旱造就了絕望的一代，把整個社群的人趕出家園，並與鄰國發生衝突，使得這個國家更容易受到極端主義分子的剝削。

　　熱帶的一些地區一直是多雨的。世界上最潮濕的地方是印度的毛辛拉姆（Mawsynram）村，相較於英國近 885 公厘，她的年雨量幾乎達 11,871 公厘。有下雨幾乎總是比沒下雨好，而且毛辛拉姆是最知道如何應付大雨的地方。還有

印度的毛辛拉姆有世界最大的
降雨量，每年累積幾乎達到
11,871公厘。

令人關心的是，這幅地圖上看到的那些深綠色區域，表示熱帶風暴越來越嚴重
且頻繁。隨著住在暴風路徑上的人口不斷成長，這種猛烈的洪水可能會造成災
難性後果。

　　這不僅僅是準確的降雨地圖，更是一幅人類在變化迅速的世界裡需要面對
求生問題與社會危機的地圖。

人類與動物

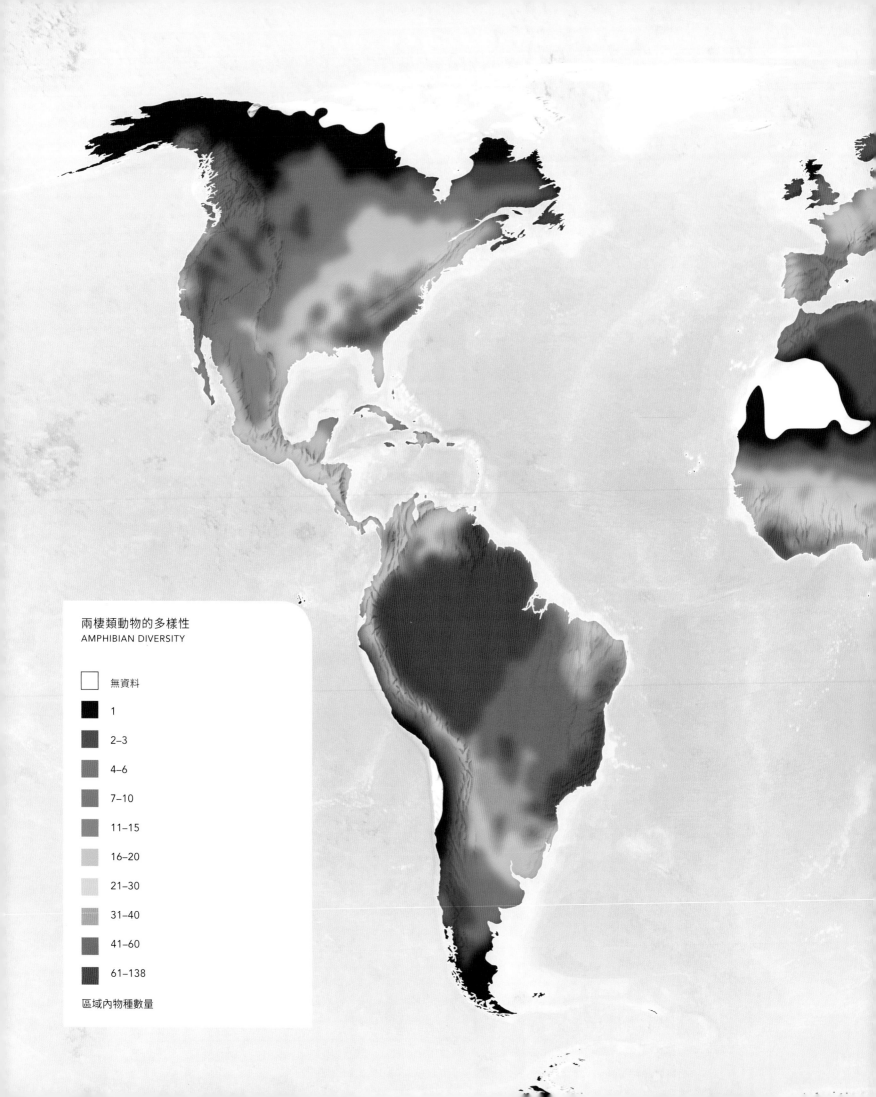

兩棲類動物的多樣性
AMPHIBIAN DIVERSITY

無資料

1

2–3

4–6

7–10

11–15

16–20

21–30

31–40

41–60

61–138

區域內物種數量

兩棲類動物的多樣性

AMPHIBIAN DIVERSITY

在所有動物種類中，雖然兩棲類動物只占約 0.5%，卻是非常多樣。牠們的顏色從鐵藍色到翡翠綠色都有，並且有相對應的古怪行為多樣性。有大約 6,000 種已知物種，而且新物種還持續的發現中。青蛙、蟾蜍、蠑螈、火蜥蜴和其他兩棲類動物都是獨一無二的，因為牠們幾乎都歷經變態（metamorphosis），改變形體，從蝌蚪變成成體。牠們還需要來回陸地與水域：一個潮濕的棲息地對牠們的生存很重要。棲息地的破壞（habitat loss）幾乎是半數兩棲類物種數量嚴重下降的主要原因。受威脅兩棲類動物的數量是受威脅鳥類和哺乳動物的數量總和。

這幅地圖根據的是全球兩棲動物評估計畫（Global Amphibian Assessment），匯集了來自六十多個國家的五百多位科學家，才提供了此一保育挑戰的全球情況。保護在熱帶地區——尤其是熱帶雨林環境中——的棲息地的重要性已經非常明顯。熱帶雨林擠滿了這麼多類型的兩棲類動物的原因，一定程度上反映出那些地方是溫暖潮濕的氣候，同時也反映出那些地方是牠們在地球上最古老的主要棲息地，生存在那裡的動物有很多時間可以演化發展出多樣性。世界各地熱帶的面積很大，因此一個廣闊的單一棲息地會促進「物種形成」（speciation，或譯物種演變），這是一個物種演化分家變成兩個獨立物種的過程。根據另一個理論的解釋，南美洲和非洲熱帶地區的物種形成證據之所以如此明顯，原因就是以前在海平面高漲的時期，陸地被區分成許多孤立的島嶼，每座島嶼都各自發展出自己的「原生」（native）物種。

不出所料，兩棲類動物數量最多的國家是巴西。美國的幅員與巴西相似，種類卻不到一半。我們還可以從地圖中挑出許多小規模的對比，例如，英國只有七種原生物種，其他西歐國家則是這個數量的好幾倍。

兩棲類動物對環境變化非常敏感，生活在土地和水中意味著牠們的生存需要兩種棲息地。如果你想幫助本地種的青蛙和蠑螈生長繁榮，那麼很不幸的，

932

297

美國

儘管面積相當，但以兩棲類種類來說，美國只有巴西的三分之一強。

只保存池塘是不夠的。一如其他兩棲類動物，牠們大部分時間都不是生活在水中，而是會在大面積的地方漫遊。

兩棲類動物的卵是無殼的，成體的皮膚很薄也因此使牠們顯得脆弱。汙染物質會迅速且嚴重地影響到牠們，同時由於大氣臭氧量的降低，紫外線輻射也會增加，這些也都是傷害牠們的原因。由牠們的多樣性可以知道，這些卓越和美麗的生物是一個演化的成功故事，但是今天的兩棲類動物卻面臨著大規模滅絕的前景。

兩棲類動物的多樣性

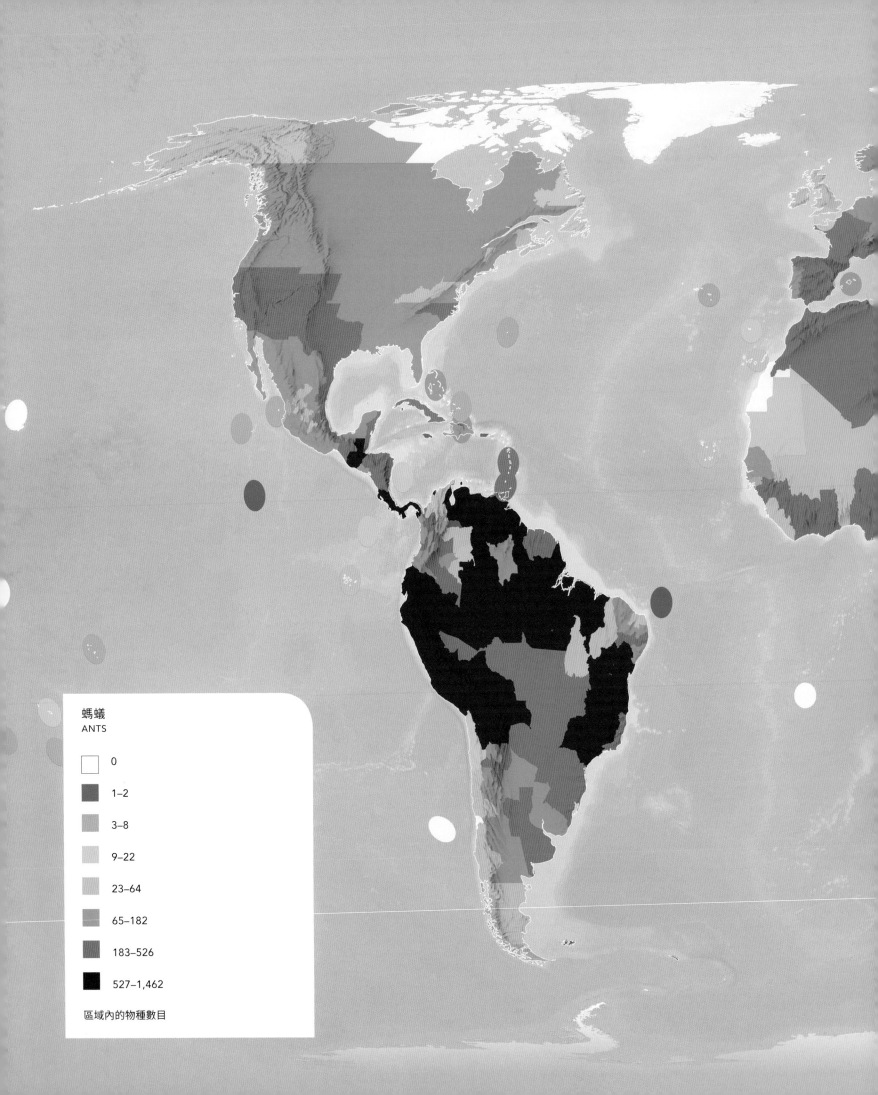

螞蟻
ANTS

- 0
- 1–2
- 3–8
- 9–22
- 23–64
- 65–182
- 183–526
- 527–1,462

區域內的物種數目

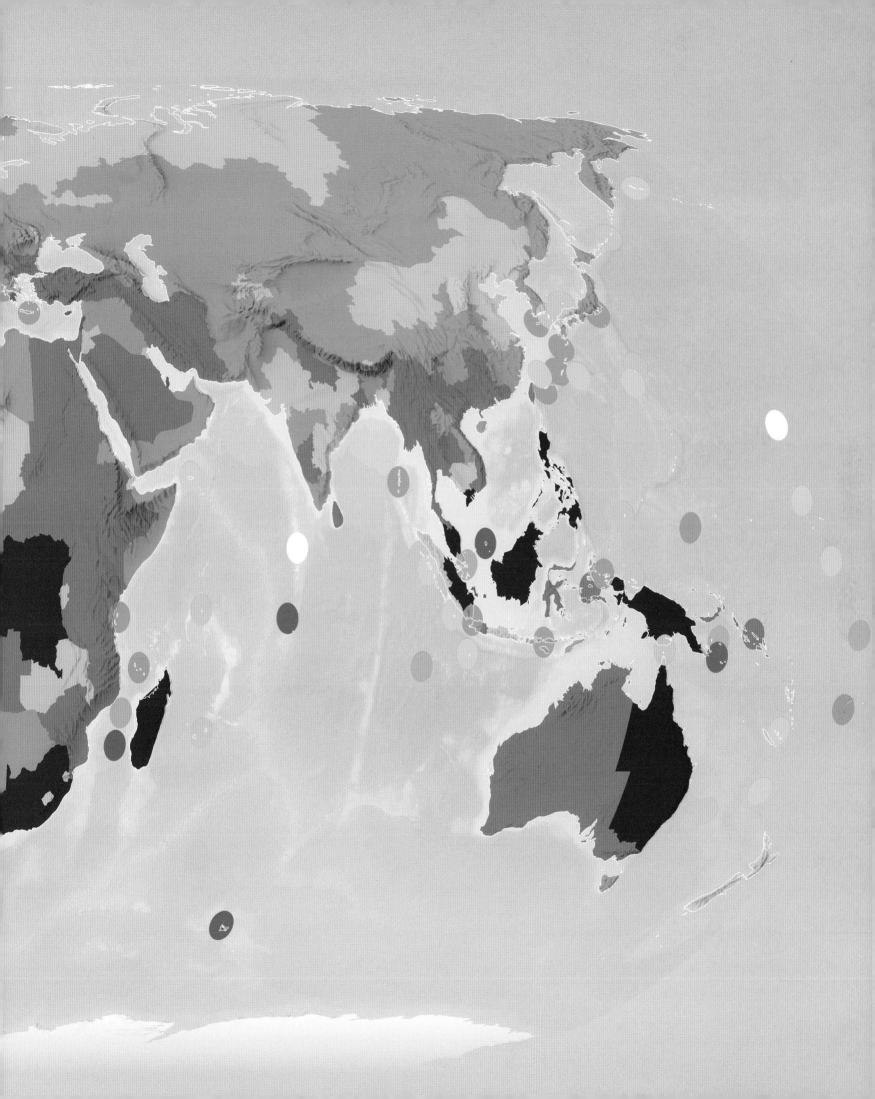

螞蟻 ANTS

迄今為止，已經確定的螞蟻種類共有 12,500 種，而且還有數千種正在等待編目，未被納入統計。螞蟻的多樣性在世界最熱的地區最顯而易見。在我們地圖上的深紅色，也就是在南美洲、大部分非洲、東南亞和澳洲，顯示出溫度是螞蟻物種密度的最佳預測指標。藍色地區只有幾個品種，但最深的紅色地區棲息了最多達 1,462 種。

熱帶地區的螞蟻什麼大小都有，從世界上最小型的大約 1 公厘，到最大型的螞蟻如巨恐針蟻（Dinoponera gigantea）：一種驚人的亞馬遜螞蟻，幾乎長達 4 公分。一項研究顯示，在祕魯叢林中的一棵樹上就可以發現 43 種螞蟻；在婆羅洲（Borneo）的另一棵樹上發現了 61 種。尤其當我們知道整個英國不過只有六十幾種螞蟻時，才會覺得這些是多麼令人印象深刻的數字。

這幅地圖提供了螞蟻物種在國家和地區分布的狀況，最大的國家被區分成州和省份，這樣才能更詳細的查看。我們可以看到，溫暖的美國南部各州的螞蟻種類就比北方多。這幅地圖是根據全球螞蟻生物多樣性資訊（Global Ant Biodiversity Informatics）計畫的工作結果所繪製，該計畫旨在建立一個單一資料庫，其中納入和定位每一種螞蟻的位置。這計畫由日本沖繩科學技術研究所（Okinawa Institute of Science and Technology）的埃文・埃科諾莫（Evan Economo）以及香港大學昆蟲生物多樣性與生物地理實驗室（Insect Biodiversity and Biogeography Laboratory）的班華・古納德（Benoit Guénard）所領導。他們的製圖主題豐富多彩，超乎想像。螞蟻是地球上最多的昆蟲之一，估計總數約為 1000 兆（10 的 15 次方），占世界陸地動物生物量（biomass）的至少 15%。

了解螞蟻多樣性和地理學是重要的，因為螞蟻除了成為地球上最成功的動物之外，也是其中最重要的一種。螞蟻除去了許多在我們身邊腐爛和死亡的生物，並且是許多其他位於食物鏈頂端動物的食物來源。牠們也執行其他較不為人知的服務。例如螞蟻可以改善土壤，讓土壤更透水，增加含水量；更透氣，

61

英國

法國

224

義大利

253

南非

683

芬蘭

62

五個國家的螞蟻種類數量，顯示在較熱的區域，其多樣性會高於較冷的區域。

增加氧氣和氮氣的含量，這意味著螞蟻對於良好農作收成也很重要。一項研究發現，螞蟻和白蟻可以讓乾旱氣候下的小麥作物產量提高 36%。

牠們也是生物防治劑，會捕食許多害蟲。著名的生物學家愛德華・威爾遜（Edward O. Wilson）在生涯中花了很長的時間研究螞蟻，得出的結論是，如果世界上的無脊椎動物消失，「我懷疑人類將只能撐數月之久」，更補充道：「事實上，我們需要無脊椎動物，但無脊椎動物不需要我們。」在任何人類依賴的生物列表中，螞蟻會是接近列表頂端的物種。

鳥類多樣性
BIRD DIVERSITY

低多樣性　　　　　　　　高多樣性

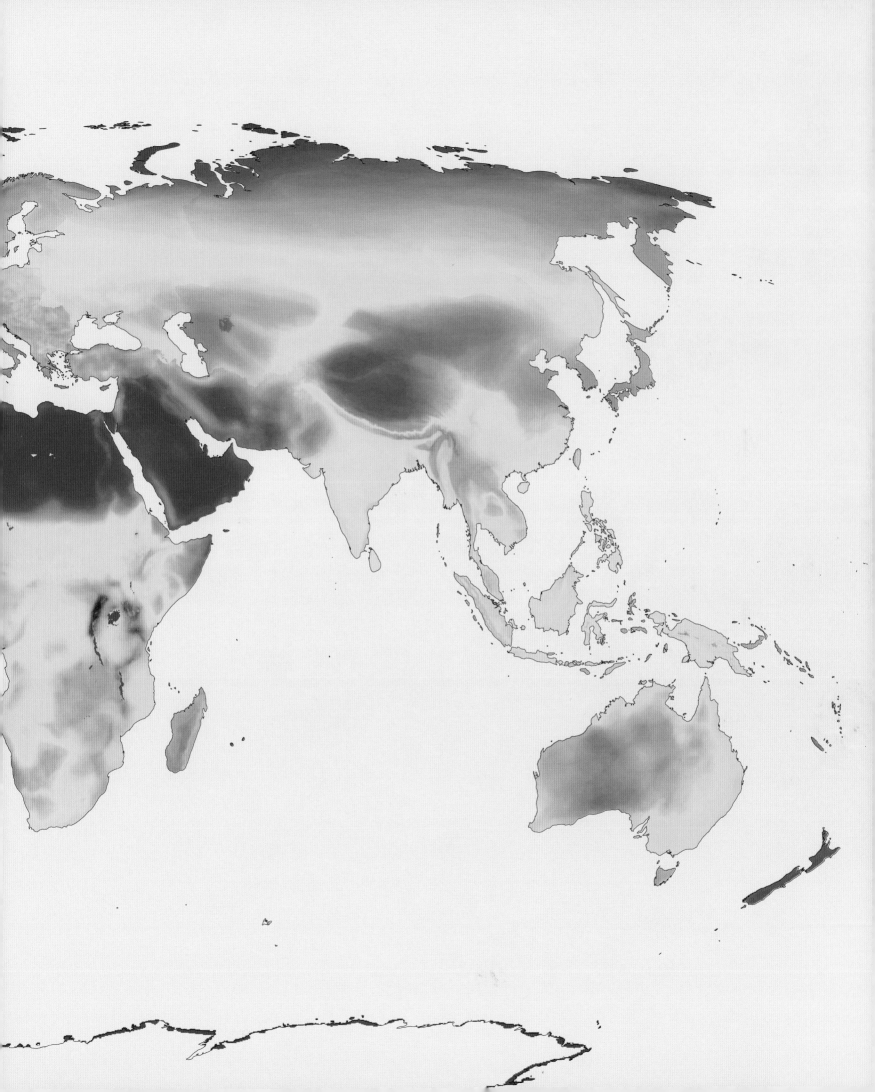

鳥類多樣性 BIRD DIVERSITY

鳥類多樣性的全球總覽包含 112,665 種鳥類：從 1 號鴕鳥一直到 112,665 號的石林秧雞（Tsingy Wood-rail）。我們立即可以看到，鳥類種類在北半球較冷以及（或是）較乾燥的地區變化較小。相較之下，東南亞、撒哈拉以南非洲以及南美洲大部分地區看到的淡和深鐵鏽色的出現，告訴我們去哪裡可以找到各種尺寸、形狀和顏色的鳥類。很顯然，熱帶地區有許多鳥類多樣性的熱區：亞馬遜河流域和熱帶安地斯山脈（Tropical Andes）都有非常豐富的多樣性，還有非洲維多利亞湖（Lake Victoria）附近的地區也是如此。

這幅地圖是來自於國際鳥類保護聯盟（BirdLife International）和公益自然（NatureServe）所執行的工作成果，並提供了令人注目的圖片，說明地球上某些地方做為自然保護區的價值。國際鳥類保護聯盟指出，不僅大多數熱帶地區都有驚人的鳥類多樣性，而且熱帶鳥類的「棲息地範圍往往較小，因此實際發現的種類會因地而異」。他們還指出其他有趣的分布模式，將高降雨率與更多的物種多樣性聯結起來，並具體的發現：例如，在海鳥中，最大的多樣性是在南半球的中緯度地區。

對物種豐富度和環境變化來說，鳥類多樣性是一個更具普遍性模式的良好指標。鳥類很容易觀察；大多數都是在日間活動，且可以從遠處觀察。所以我們的鳥類照片雖然不太可能百分之百完整，但比起其他大多數的動物來說是更完整的。這意味著鳥類多樣性數據，可以當做像是其他物種的興衰狀況的指標計一樣；也就是說，局部地區鳥類分布的下降和變化，可以反映出更大範圍其他物種的下降和變化模式。國際鳥類保護聯盟在近二百個國家中，確立了 1 萬個「重要鳥類區域」（Important Bird Areas）。在東非，有 228 個重要鳥類區域，位於衣索比亞、肯亞、坦尚尼亞和烏干達境內，該地區包含 97 種特有種哺乳動物中的 97%、全球受到威脅的 80 種哺乳類動物中的 90%，以及 131 種特有的蛇類和兩棲動物中的 92%。

24

極度瀕危

169

全球受威脅

49

瀕危

96

易危

巴西的鳥類狀況：南美洲國家有全球數量最多的受威脅鳥類種類。

　　注意鳥類多樣性不僅僅是關乎喜歡鳥類，它同時與廣泛重視其他生物多樣性有關。儘管熱帶地區的鳥類種類較多，但北半球較冷地區，鳥類的棲息地仍然很多。事實上，英國有 313 個重要鳥類區域，這個數字不僅反映出熱心的賞鳥人和保育員的數量，還反映出你不需要去非洲或南美洲，只要在英國，就可以找到多采多姿的鳥類生活。

最多有毒動物的國家
COUNTRIES WITH THE LARGEST NUMBER OF
VENOMOUS ANIMALS

<10

10–20

20–30

30–40

40–50

>50

無資料

區域內有毒動物數量

英國只有 1 種有毒物種：毒蛇。但墨西哥有 80 種、巴西有 79 種、澳洲有 66 種；哥倫比亞（Colombia）、印度、印尼和越南（Vietnam）都各有 50 種以上。在某些地方有毒物種很少，但其他地方又如此之多，這在很大程度上反映出熱帶地區有非常大的物種多樣性，且幾乎包含所有有毒物種。另一個原因是許多有毒的生物是冷血的，像蛇一樣，喜歡炎熱的環境。這些解釋也指出，事實上，各國較溫暖的地區會有更多的致命生物。

與大自然的情況一樣，仍然有一些神祕之處。例如，澳洲為什麼會有更多的有毒昆蟲呢？另一個令人不解的是：為什麼美國與熱帶非洲幾乎有相同數量的有毒物種？至少有一個謎團很容易解決，從這幅地圖看來，法國比其鄰國有更多的有毒物種，但這是因為法國與其在南美洲領地的法屬圭亞那的數據結合在一起統計的結果。

這幅地圖的數據，來自美軍有害生物管理委員會（US's Armed Forces Pest Management Board）所保存的有害生物數據庫（Living Hazards Database）。它涵蓋全世界五百多種會注射毒液且「有報告指出會導致人身嚴重受傷或死亡」的物種。符合這個定義的主要是蛇、蜘蛛和蠍子，還有一個「雜類別」項目，其中包括爬蟲類動物，如鈍尾毒蜥（Gila monsters，或譯吉拉毒蜥）和一些驚人的致命貝類。我最喜歡的是在印度洋和太平洋珊瑚礁上發現的地理錐蝸牛（Geographic Cone Snail），有害生物數據庫告訴我們，這種因為其斑駁貝殼而珍貴的生物，有令人難以置信且幾乎致命的毒性：「每千克體重的毒液致死劑量估計只要 0.029~0.038 毫克；沒有醫療救助的狀況下，有 65% 的刺傷是致命的。不過也別太過擔憂，因為自 1670 年以來，全世界只有 36 人因為這種蝸牛而喪命。」

世界上最毒的動物是立方水母（Box jellyfish），牠們分布在澳洲北部沿岸的沿海水域，一直延伸到印度太平洋地區。過去五十年來，已造成數千人死亡，

66

澳洲

<10

歐洲、中亞與加拿大

79

巴西

80

墨西哥

墨西哥、巴西與澳洲是很多有毒動物的棲息地，另外，歐洲與中亞有較少的有毒動物，只有平均少於10種。

牠的毒液非常毒，受害者會直接休克，然後因為溺水或心力衰竭死亡。

蛇類是最常造成傷害的生物。一項 2008 年進行的研究統計顯示，全球每年有 20,000~94,000 起遭蛇咬傷致死的案例。南亞地區是死亡率最高的地區，單單在印度每年就有 11,000 人死於蛇咬，超過世界上任何其他國家。

在我們想像自己與這些物種開戰之前，值得記住的是，是牠們而不是我們有滅絕的危險。此外，人類居住區域的擴大和缺乏足夠的醫療保健資源，是被妖魔化的動物咬傷致死人數的更好解釋，在大多數情況下，那些動物只是不想被打擾。

受忽略的熱帶疾病
NEGLECTED TROPICAL DISEASES

出現1種受忽略的熱帶疾病

出現2種受忽略的熱帶疾病

出現3種受忽略的熱帶疾病

出現4種受忽略的熱帶疾病

出現5種以上受忽略的熱帶疾病

受忽略的熱帶疾病

　　熱帶疾病猖獗，通常是致命也是劇烈的，然而在許多能夠治療的情況下，一旦疾情受到控制，大部分都不會上新聞標題。

　　之所以稱為「受忽略的熱帶疾病」，是因為它們往往因為人們對「三大疾病」──愛滋病、結核病和瘧疾──的重視而受忽略。這三大疾病瓜分了大部分醫療資源。許多不太知名的疾病，通常伴隨著社會歧視，影響到最窮國家的最貧困人群，特別是那些沒有適當衛生設施的人，他們常與感染的水源和牲畜有密切接觸。它們包括麻瘋病、狂犬病、砂眼和登革熱，以及龍線蟲症（guinea-worm disease，或譯幾內亞蟲病）、南美錐蟲病（Chagas disease）、胞蟲病（echinococcosis，或譯囊蟲症）和河盲症（river blindness）等寄生蟲病。這些疾病大部分已經在較富裕的國家消聲匿跡，並沒有引起大藥廠的重視，因為利潤微薄。

　　所以這幅地圖也可以說就是貧窮地圖，也是衛生和醫療衛生條件不足的地圖。受忽略的熱帶疾病往往一起發生，非洲在這幅地圖上是明亮的，因為這塊大陸正遭受多種疾病纏身。拉丁美洲和幾乎所有的亞洲也受到很大的影響。世界衛生組織（WHO）估計，受忽略的熱帶疾病影響了十幾億人（世界人口的六分之一），每年病死的人數全球就有 534,000 人。

　　然而這些也是最便宜和最容易治療的疾病。大多數來自受忽略的熱帶疾病藥物計畫的治療費用，每人每年不超過 0.5 美元，治療方式通常就像服用驅蟲藥片一樣簡單。學校是投藥管理最佳的場所之一，就學率與對抗受忽略的熱帶疾病有非常密切的關係。研究顯示，孩子們在有提供藥物計畫的學校裡的就學時間較長，但如果是沒有這樣計畫的學校，大半學生無法安心學習或是完成學業。驅蟲不但降低了學校的輟學率達 25%，而且成人的所得也增加了 20%。

　　2012 年推出的〈倫敦受忽略的熱帶疾病宣言〉（London Declaration on Neglected Tropical Diseases）匯集了許多國際機構，目的是在 2020 年之前消滅最嚴

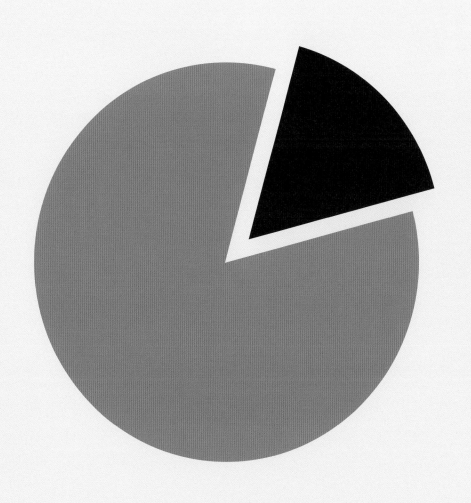

1

受忽略的熱帶疾病影響
超過10億人，也就是
六分之一的世界人口

重的十種疾病。製藥公司正藉由努力做出貢獻來挽回聲譽，2015 年，他們捐贈了足以進行 15 億次治療的片劑。〈倫敦宣言〉的主要目標之一就是確實地解決問題。找出哪些地區正遭受哪些疫情，對抵抗疾病的任務至關重要；當問題涉及人類健康方面時，地圖總是在最前線。舉個例子，全球砂眼測繪地圖計畫（Global Trachoma Mapping Project）在 29 個國家繪製了總共 1,627 個地區的砂眼感染地圖，並確定了 1 億人暴露在砂眼致盲的風險中，這個計畫讓原本已知需要注意砂眼的人口翻了一倍，其中約一半居住在衣索比亞——世界上疾病發病率最高的國家之一。

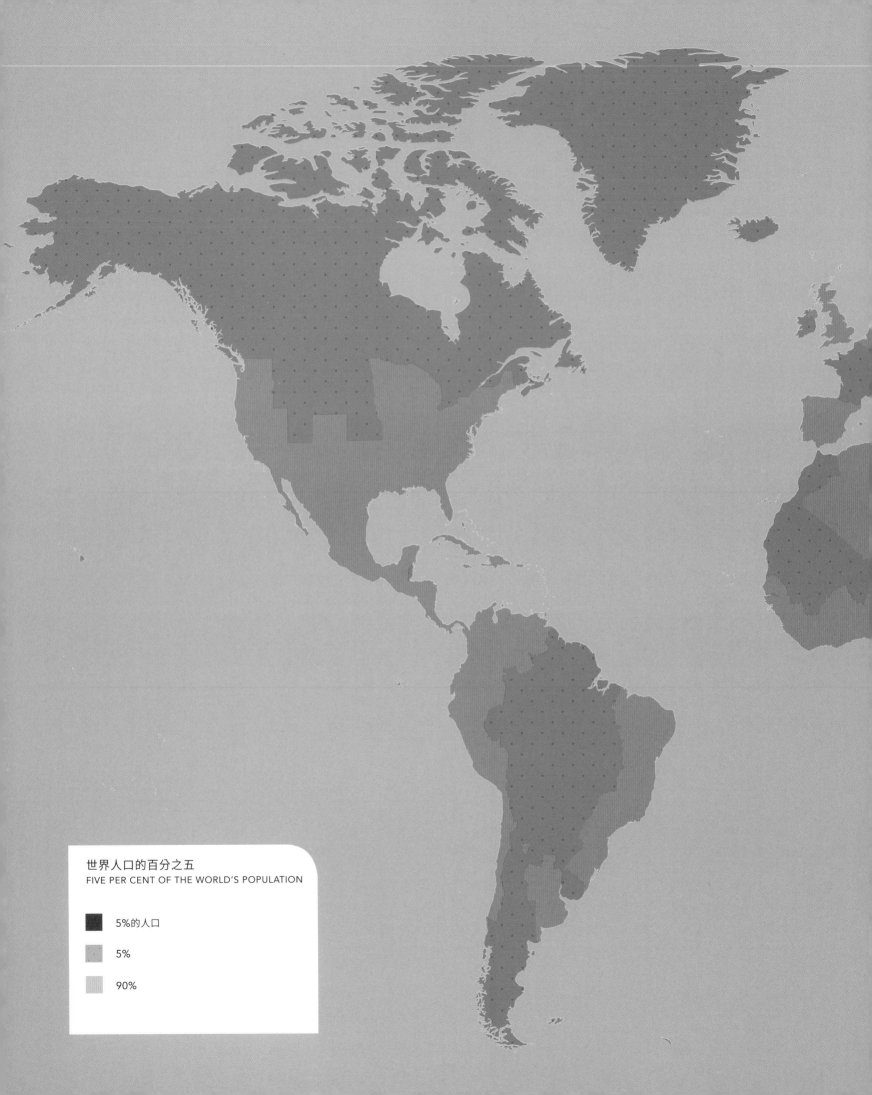

世界人口的百分之五
FIVE PER CENT OF THE WORLD'S POPULATION

■ 5%的人口

▨ 5%

▨ 90%

你能叫出所有綠色區域的國家名稱嗎？還是那個被標示紅色的國家？如果你可以，那麼每個答案將包含世界人口的百分之五。如果你真的叫得出所有地區的國家名稱，我會對你另眼相看：這有點像是智力測驗。

紅色區塊包括印度的三個邦：比哈爾（Bihar）、賈坎德（Jharkhand）和西孟加拉（West Bengal），以及孟加拉。綠色區塊混雜了國家和地方；這就是為什麼它下降到美國中部，並遠離南美洲海岸。綠色區塊將很多世界人口最少的地方聚集起來，儘管它還包括一些人口比較密集的國家，例如法國。紅與綠色區塊不僅為我們提供了一個奇怪的地方對比和組合，也提供了一個了解世界人口分配不均衡的迷人方式。顯然，世界人口非常集中在孟加拉灣（Bay of Bengal）周圍。

這幅地圖來自紐約地圖愛好者馬克斯·加爾卡（Max Galka）的心血。他在網路上發現一個版本，並將其磨合成現在的形式。每年都有人以同樣的方式創造出數以千計的偉大地圖，然後一一浮現。就像維基百科一樣，一開始的懷疑論者通常會代之以羨慕。這些地圖中許多不僅精心設計、準確又周到，而且通常還包含一個熱烈的辯論和連結，邀請你「自己玩數據」。

馬克斯的評論就是一個例子。「我覺得最有趣的是，」他說：「這樣一個密集的人口中心可能處於一個沒有什麼全球聲望的地區。」他也對不同的人如何看待地圖感興趣：「很多人似乎由人口過剩或過度擁擠的角度來看這一幅地圖，或做為已發展國家與發展中國家之間不平等的政治訊息。」我不知道有誰可以看到這幅地圖在「已發展國家」和「發展中國家」之間形成鮮明對比，但我自己肯定是透過人口過剩的角度來看這一幅地圖的。2016 年孟加拉的人口已經超過 1 億 6400 萬了，三個印度東邊的邦再添加 2 億 3000 萬人。在這樣一個狹小、低窪和易發洪水的地區，這些數字必定對人類健康造成風險、對環境帶來災難。

孟加拉
1億6400萬

托克勞　Tokelau
1,293

格陵蘭
56,239

擁擠與不擁擠。

　　但是，馬克斯提供了另一個更樂觀的評估：「我認為南亞人口密集是正面的事，」他說道：「人們生活在密集的人口中心是非常有經濟、社會和環境效益的。」並補充「地圖告訴我，與許多人一起生活的經濟機會勝過許多人生活在一起所產生的問題」。隨著城市化進程的加快，了解麥克斯樂觀主義背後的原因的確很重要。

世界人口的百分之五　　　　**119**

人均生態足跡
ECOLOGICAL FOOTPRINT PER CAPITA

0.000000

0.000001–0.920000

0.920001–1.260000

1.260001–1.600000

1.600001–1.910000

1.910001–2.760000

2.760001–3.530000

3.530001–4.400000

4.400001–5.740000

5.740001–9.570000

人均生態足跡=一國消費的自然資源
除以該國人口

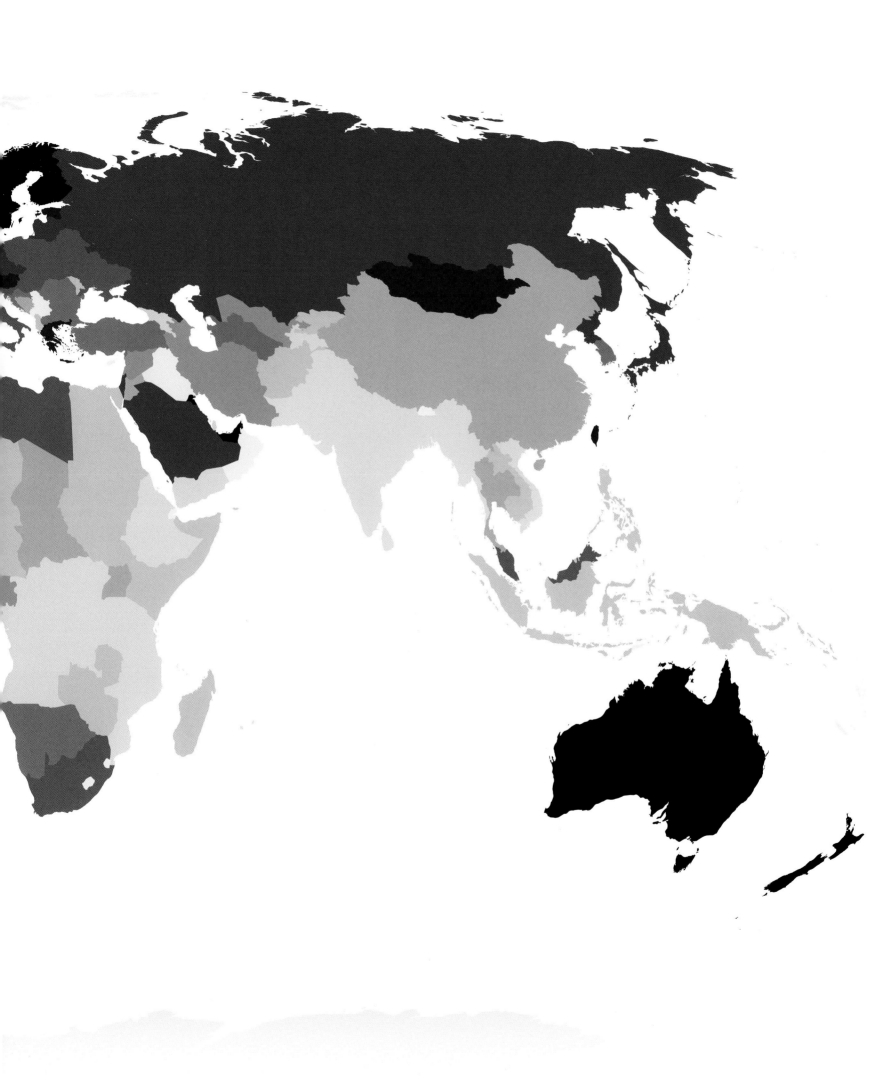

人均生態足跡（ecological footprint per capita, EFpC）測量一個國家消費的自然資源除以該國的人口。這是一幅向我們展現世界如何不平等的地圖，西方正以超過世界其他地區的速度進食、燃燒和購買地球上的資源。不過在阿拉伯半島可以發現一個小小例外，在這裡，最富裕的國家現在的人均生態足跡與北美或歐洲相當。

任職於太平洋製圖公司（Pacific Cartography）的地圖專家蓋比・亨利（Gabby Henrie）首先設計了這幅地圖，她的數字指出人均生態足跡的中位數為 0.85。這意味著世界一半人口的碳足跡數字高於 0.85，另一半則低於 0.85。美國的數字由 0.85 跳到 9.57，意謂著美國是個有巨大消費速度的國家。

欲確定碳足跡，我們有各式各樣的資源使用路徑：從用於維持我們洗衣機的功能到用於飼養牲畜所需的水。能源需求大、消費主義水準高的國家通常出現最糟糕的碳足跡狀況；相反的，較貧窮的國家則有較好的碳足跡。工業化所帶來的問題，包括氣候變遷，西方國家必須付最大的責任，而且要想辦法補救，是合乎邏輯的。雖然對測量人類碳足跡的方式沒有共識，且特定國家在排名中的位置因不同的方法而異，但不論哪一種測量方法，都一致指出西方國家就是罪魁禍首。

在對照表中，最大的碳足跡產生國是美國，其次是阿拉伯聯合大公國（United Arab Emirates, 8.97）、加拿大（8.56）、挪威（8.17）和紐西蘭（8.01）。為何有些小國卻有高碳足跡，原因出在她們消耗大量的能量來加熱或冷卻室內環境。

雖然這些數字呈現出的是人均（per capita），但反映的是社會生活而不是個人習慣。這意味著數字很難翻轉。例如在美國，必需的電力性質與傳輸設備，讓即使是最節能的社區或個人仍然比未開發國家的一般人占用更多的地球資源。與開發的聯結也意味著，隨著國家變得越來越富裕，其碳足跡也就越來

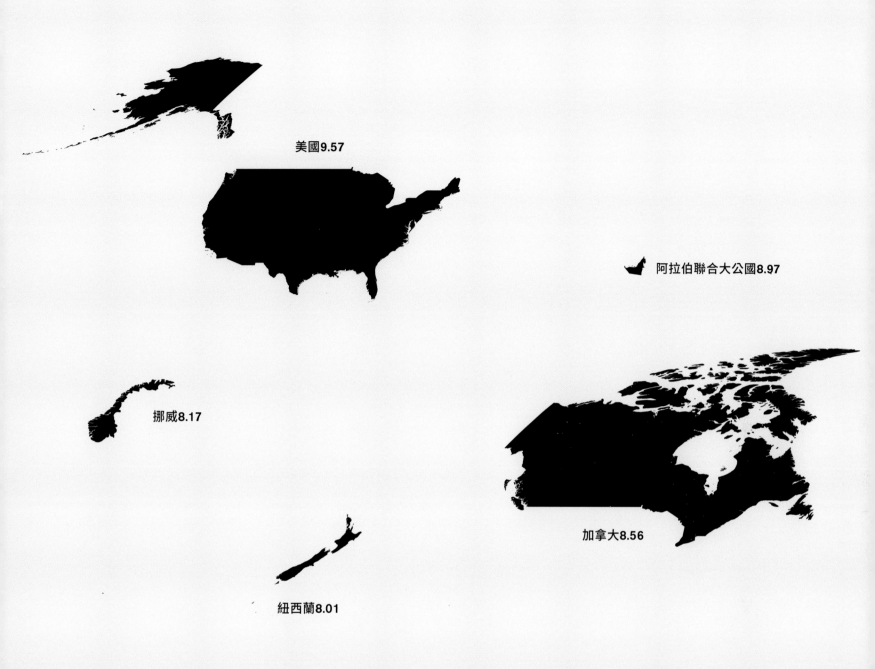

美國9.57

阿拉伯聯合大公國8.97

挪威8.17

加拿大8.56

紐西蘭8.01

五個碳足跡最高的國家。

越多。我們已經見識到這種影響：拉丁美洲以及東亞、東南亞顯示出的黑暗陰影，在地圖上顯而易見。

和平程度
PEACEFULNESS

最不和平

較不和平

平均和平

相當和平

非常和平

無資料

和平程度

PEACEFULNESS

　　由毗鄰的國家所組成的區域，一路從非洲、中東、俄羅斯到南亞，正受到暴力和不安全的困擾。這幅由 2015 年的數據得出的地圖，突顯出兩個特點：一個是，總體而言，南美洲並不像電影和新聞報導給我們的印象一樣充滿暴力；另一個是，形象不佳的一群南非國家，卻有與西歐國家相當的和平程度。

　　這幅地圖是根據經濟與和平研究所（Institute for Economics and Peace）發表的全球和平指數（Global Peace Index, GPI）製作而成。GPI 是將 23 個指標數據組合成一個整體的得分。這些指標涵蓋三個主要領域：一是國內外持續不斷的衝突，也就是國家在多大程度上涉及內部和外部的衝突；二是國家內部的不和諧程度，包括犯罪率、恐怖活動、暴力示威活動、不穩定的政治舞臺和被迫逃離家園的難民人數；第三個領域涉及軍事化，包括軍費開支占國內生產總值（GDP）的百分比以及武裝人員占總人口的比例。

　　這裡的頭條新聞是：和平程度出現明顯的區隔。將這些數據與往年比較，研究所的結論是：已經有暴力的國家變得越來越嚴重，而那些本就和平程度高的國家大致上仍然維持相同的狀況。因此，和平程度最高與最低的國家之間的差距正在擴大。儘管研究所告訴我們全世界軍費開支已經有所減少，但也警告說，中東和北非的暴動都指向「現代衝突的國際化」（internationalisation of modern conflict），而且「數千公里外的國家卻受到來自這些衝突地區的難民潮或恐怖主義的影響」。

　　給予國家 GPI 低評分的兩個最大因素是恐怖主義和政治不穩定。研究所注意到，只有 69 國沒有恐怖事件的記錄，而且恐怖主義的強度正在增加，「恐怖活動造成超過 500 人死亡的國家數目，從 5 個增加到 11 個，增加了一倍多。」該研究所還指出，暴力造成的巨大經濟損失將近 14 兆美元，並補充說：「建構和平與維和行動的支出和投資，對衝突造成的經濟損失來說是杯水車薪。」也許更令人意外的是，研究指出，在 51 個列為獨裁的國家中，有 48 國的武裝

1. 冰島

1.192

2. 丹麥

1.246

3. 奧地利

1.278

4. 紐西蘭

1.287

5. 葡萄牙

1.356

全球和平指數最高的五個國家。

人員數量下降。此一下降趨勢似乎是高科技軍事力量的崛起導致的。

　　由於此地圖是根據國家或地區的數據繪製而成，因此我們可以指出表現最好與最差的國家。世界上最和平的國家是冰島（Iceland），其次是丹麥、奧地利（Austria）、紐西蘭和葡萄牙（Portugal）。前 40 名還包括不丹（Bhutan）、新加坡（Singapore）、哥斯大黎加、卡達、馬達加斯加，以及第 40 名的尚比亞。英國是第 47 名，美國在遠遠落後的第 103 名（比牙買加和巴布亞新幾內亞還低）。在名單的底部，我們發現缺乏和平的國家是有區域性的。伊拉克（Iraq）、南蘇丹和敘利亞是最後三名，對有些人來說這不足為奇；但在後面 30 名還包括印度、土耳其（Turkey）、以色列（Israel）和墨西哥。

地球夜景圖
THE BLACK MARBLE

地球夜景圖

THE BLACK MARBLE

地球夜景圖，也就是夜晚的地球，提供了一個沉睡世界的視野。在稀疏又閃爍的都市文明區塊周圍，隱約可見廣闊漆黑的虛無大地，就像舊地圖一樣，有大片空白的未知土地包圍著城市。不是所有的亮光都代表人文聚集點，有些是點亮夜空的天然氣和石油開採：像是澳洲中部和北非、中東和俄羅斯人口很少的地區。

還有許多城市地區因為缺乏光明而著名。在南韓（South Korea）與北韓（North Korea）之間就存在著明顯的分野：在南方是輝煌發光，北方的鄰居卻是一片漆黑，甚至連首都平壤也只是個暗淡的小斑點，共產主義的光芒似乎沒有點亮這裡。照明的地緣政治學是一塊較少被探索的領域，不過以地圖的方式呈現，同樣迷人。如果幾十年前有這幅地球夜景圖，我們就可以看出，當時還是薩達姆·海珊（Saddam Hussein）統治的伊拉克，如何把國家的電力集中在兩個亮點：首都巴格達（Baghdad）以及海珊的家鄉提克里特（Tikrit）。

列寧把共產主義定義為「蘇聯（Soviet Union）政府加上電氣化」，持續光照因此即是共產主義的獎賞與進步的證明；缺乏照明就是一個令人信服的證據，證明已經失敗或是正走向失敗的狀態。這幅地圖上的亮點，也就是歐洲、美國、南亞和東亞，是有基礎設施運作的地區，在那裡，路燈通常會在晚上點亮，人們也習慣了要做什麼事只要輕拂開關就可以達成。

除了大陸邊緣的一些斑塊以及尼羅河（Nile）蜿蜒又閃亮的河谷，非洲大陸也沒有其他可以說明的，因為在非洲，人口密集的城市和城鎮並沒有可靠的電力供應。有人會從這幅地圖中想到，在非洲之角（Horn of Africa）或中非地區，可能沒有人居或是沒有城市，但是其實那裡住著數千萬人，他們只是沒有夜間電源。

你一定覺得奇怪，全世界都是夜晚的照片是怎麼拍出來的。想像一下，地球上的每個人都放下疲憊的腦袋，並在同一時間向同伴輕聲道晚安。但是，

特寫顯示，波斯灣與尼羅河沿岸城市與國家在夜間有高度的活動。

世界上睡眠的時間當然是不一樣的。我們在這裡看到的是在 2012 年 4 月中的 9 天以及和 10 月中的 13 天的資料組合的複合地圖。在那段時間，美國航太總署人造衛星上的可見光紅外成像輻射儀（Visible Infrared Imaging Radiometer Suite）從極地到極地的垂直帶狀、總共 312 次繞地球掃描地球的影像。這不是一次性影像，而是個持續的過程；夜間的光線、野火的蔓延以及火山爆發，甚至可以清晰的看見個別的漁船在海上的燈火，這些亮光現在都能持續地擷取。相同的成像設備還可以顯示來自極地捲曲且盤旋在上空的極光，以及無數的小海洋生物發出的生物光，因為數量大，人造衛星可以拍攝到海洋的點點亮光。發光的世界不僅僅是來自人類，也來自自然界。

地球夜景圖

語言多元性
LINGUISTIC DIVERSITY

0–10

11–25

26–40

41–55

56–70

71–85

86–100

無資料

母語多元性

語言多元性

要知道國家語言多元性的方式之一，是觀察由群眾中隨機挑選的個人有不同母語的機率有多高。這是一個由語言學家約瑟夫‧格林伯格（Joseph Greenberg）所設計的方法，這也是此幅地圖關心的重點。在這個版本中，指數範圍從 0（每個人都有相同的母語）到 100（沒有兩個人有相同的母語）。小點表示獨特但微小的領土，例如直布羅陀（Gibraltar）。

得分最高——語言最多元化——的國家是巴布亞新幾內亞。多元化程度高的其他地區有撒哈拉以南非洲、印度和大部分的東南亞。得分非常低或零分的國家包括北韓和南韓，海地和古巴。事實上，南美洲和中美洲地區缺乏多元性是非常明顯的。雖然這些地區有很多不同的語言，卻沒有多少人會使用。同樣的狀況在有非常多樣化移民格局的地區如北美和西歐也是如此，這正是為什麼這些國家的得分很低，相反的，語言在印度就很多樣，而且很多人都會使用。

這幅地圖主要參考 2015 年版的《民族語》（*Ethnologue*），其中包含數千種語言的統計資料。

值得再回到印度來了解多元性能有多廣泛。印度與整個非洲大陸的人數相當，它有大約 1,700 種語言，更重要的是，其中 30 種語言有超過 100 萬人使用。這些使用人口的大小意味著，人們很可能必須使用不同的母語與他人互動。最大的組織是印地語（Hindi）人士，超過 4 億人，但使用泰米爾語（Tamil）、馬拉地語（Marathi）、泰盧固語（Telugu）和孟加拉語（Bengali）的人也各有 6000 萬以上。

由這些數字可以看出多語言是許多印度人的必需品，印度人常常能用四種或更多種語言進行交流。這也意味著，在多語言國家，有全國通用的單一語言，例如英語，可是非常有用的，也便於所有人的溝通。其他說英語的人也認為這個狀況是有用的：據估計，75% 的美國人和 95% 的英國人只說一種語言。

說到列舉語言，容我提醒一句。一旦你以為自己辨識出一國的語言時，就

**95%的英國人是
單一語言的**

**巴布亞新幾內亞是
語言最多元化的國家**

**75%的美國人是
單一語言的**

會有人告訴你他們其實有各種方言，其中一些還可歸類為個別的語言。例如在義大利，除了北部的一些德語、法語和拉丁語之外，許多人認為義大利是個有單一母語——義大利語——的國家，但有一群人認為義大利有許多地區性的語言，從薩丁尼亞語（Sardinian）到佛里烏利語（Friulian）。義大利的真實情況與印度或地圖上任何其他陰影區域一樣，語言如何被定義和計數，很少是直截了當或毫無爭議的。

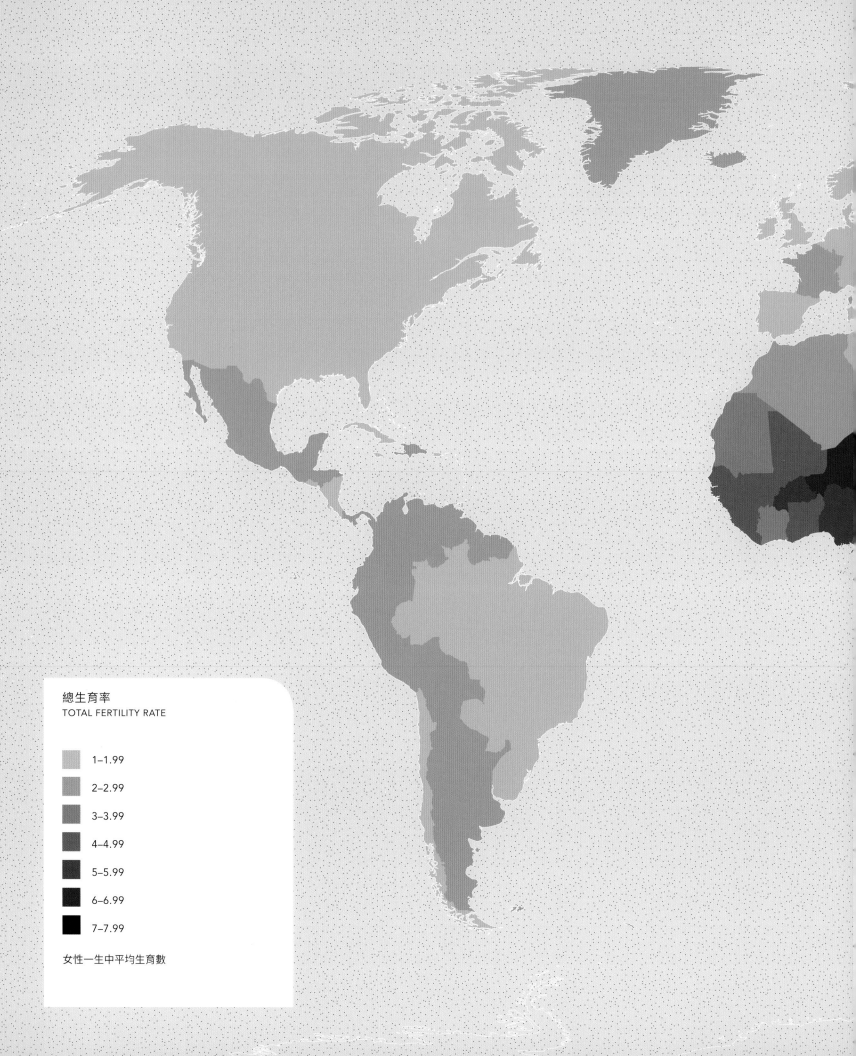

總生育率
TOTAL FERTILITY RATE

1–1.99
2–2.99
3–3.99
4–4.99
5–5.99
6–6.99
7–7.99

女性一生中平均生育數

總生育率

對全球生育率的舊觀點是，先進的北半球國家生育率低，所謂的「第三世界」生育率高。但是現在我們看到，非洲在周圍都是淡色調的海洋中顯得十分突出，被包圍在婦女生育較少的地區中間。非洲已成為例外，家庭人口遠遠高於亞洲和拉丁美洲。

事實上，非洲包含世界上最低度開發國家、最貧窮和受教育程度最低的國家，這個事實也為高生育率的現象提供了最清楚的解釋。其他國家，如印度和巴西，已經足夠富裕，而由大家庭過渡到較小的家庭，這在非洲大部分地區尚未出現。不過我們可以看到，南非和非洲南部的波札那（Botswana），還有非洲北部的摩洛哥、阿爾及利亞、利比亞（Libya）和突尼西亞以及非洲大陸的其他地區，生育率仍然高得驚人。

解釋生育率高低的核心，是婦女在社會中的地位。如果可以選擇，很少有婦女願意有這麼多孩子。多子不僅干擾了經濟獨立和受教育機會，也是危險的——撒哈拉以南非洲的世界孕產婦死亡率最高（每 10 萬活產中約有 1,000 名產婦死亡）。到 2050 年，奈及利亞（Nigeria）的人口預計將與美國幾乎相同，如果目前的趨勢持續下去，到本世紀末人口將超過 7 億 5000 萬。

預測指出，到 2050 年，世界上每三個孩子中就有一個是非洲人。然而，要減緩人口過剩的恐懼，必須盡可能開始採取與其他地區相同的做法來降低生育率。值得一提的是，非洲的總人口與印度的人口大致相同。目前，這是世界人口最少的地區之一，就那些對人口過剩感興趣的人來說，最好是看看像歐洲這樣更加擁擠的地方。

在其他方面，這幅從 2015 年數據得出的地圖，也向我們講述了一個正面的故事。地圖顯示，世界大多數地區的婦女地位和受教育程度，隨著獲得避孕措施而有所改善。大多數國家都有鼓勵計畫生育和獲得避孕措施的政策，有些政策甚至走向極端，例如 2016 年結束的中國一胎化政策，以及印度的絕育活

2070年的總生育率預測。聯
合國的預測顯示各地都下降，
但是非洲和世界其他地區的差
距則越來越大。

動。然而，創造更小家庭規模的兩個最大因素是經濟成長和賦予婦女權利。

總生育率與出生率不同。出生率是每千人口每年的出生人數，是個相當粗
略的印象。總生育率需要更長遠的考慮，也是更為複雜的計算。它是在育齡期
間每名女性平均生育子女數，育齡期間根據的是每個國家的各自標準。在沒有
移民的情況下，當總生育率低於每名女性有 2.1 名孩子時，就表示人口規模正
在下降。

宗教的多元性
RELIGIOUS DIVERSITY

低

中等

高

非常高

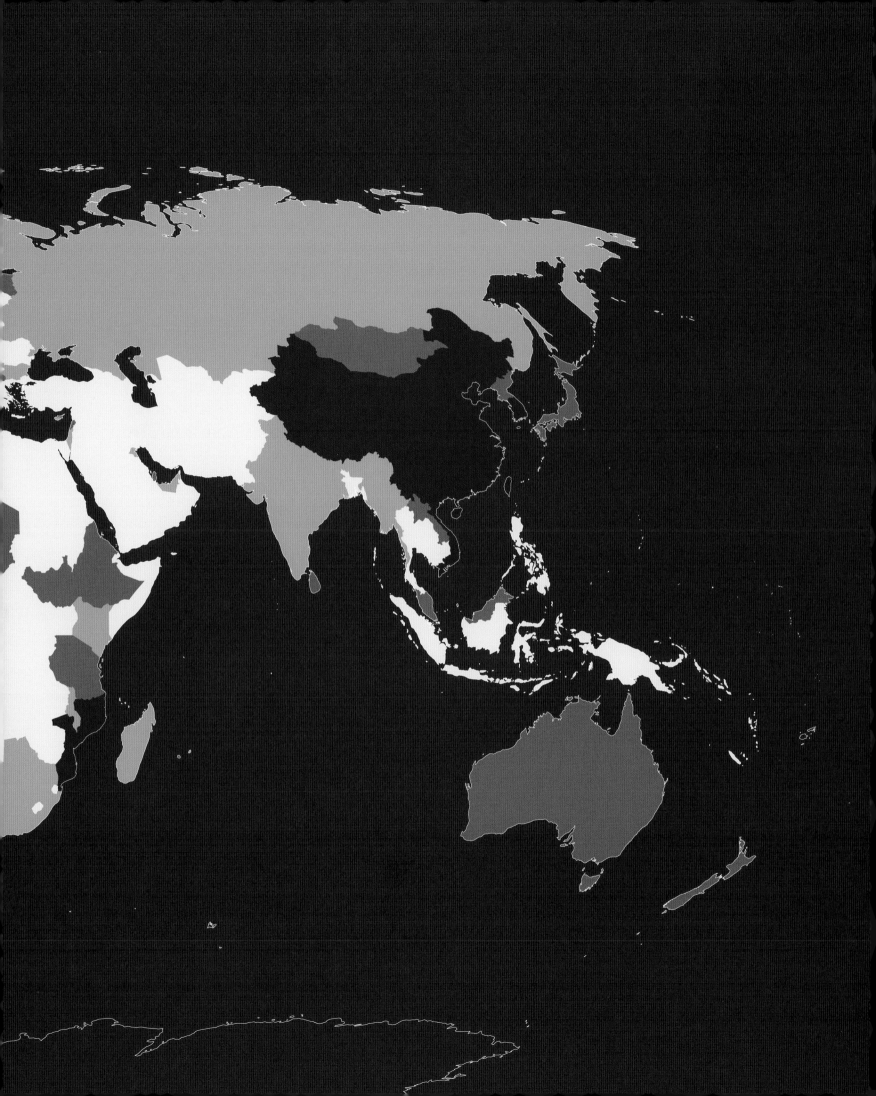

宗教的多元性

RELIGIOUS DIVERSITY

準備嚇一跳吧：世界上最大的共產主義國家似乎也是最具宗教多元性的國家之一。觀察這幅地圖上的大部分北半球以及東亞和南亞的區域，會發現宗教多元化的排列呈現弧形分布，也就是由歐洲經俄羅斯再轉向中國與印度。非洲的宗教多元性分布局面呈現高度的不平均，有高度多元宗教的國家就坐落在單一宗教的國家旁邊，中美洲與南美洲則大致上是一大塊宗教單一化的地方。

宗教的多元性可以經由很多種方式衡量。這幅根據 2010 年的數據繪製而成的地圖，考察了每個國家的八個主要宗教團體的人口百分比。個別屬於八個團體的人口百分比越接近相等，國家的評級就越高。必須強調的是，這不是呈現宗教寬容的地圖，這幅地圖沒有告訴我們如何看待或接受宗教多元性。同樣地，這幅地圖也沒有深入探究宗教派別的分布。以基督教為例，依據全球基督教研究中心（Center for the Study of Global Christianity）在 2012 年的調查結果，單是基督教派就估計有 43,000 之多——如果我們將這種數據納入地圖製圖的考慮，那幅圖看起來一定有所不同。

深入了解這八個團體的性質，就會覺得這幅地圖看起來似乎有點道理。其中的五種宗教非常常見：分別是佛教、基督教、印度教、伊斯蘭教和猶太教，也稱為「五大」宗教，「五大」不是起源於中東就是起源於印度，信奉「五大」的人口約占世界總人口的四分之三。「五大」之外的其他三個團體更有意思，因為在理解度上，他們是屬於比較少被廣泛認可的一群人。其中一個團體涵蓋無宗教信仰者，包括無神論者和不可知論者。雖然這群人通常沒有宗教信仰，但反思之後卻給我們帶來這個很是合理的啟示：有疑慮者和無信仰者其實也有自己明確的宗教觀點，而且此一宗教觀點仍屬於宗教信仰光譜和宗教多元性的一部分。那些認定無神論是非法或荒謬的社會，永遠不會被歸類為有真正多元化的社會，但像中國這樣普遍存在無神論者的社會，就會有真正的宗教多元性出現。最後，剩餘的兩個團體是小眾宗教信仰者，包括所謂的部族和民間宗教

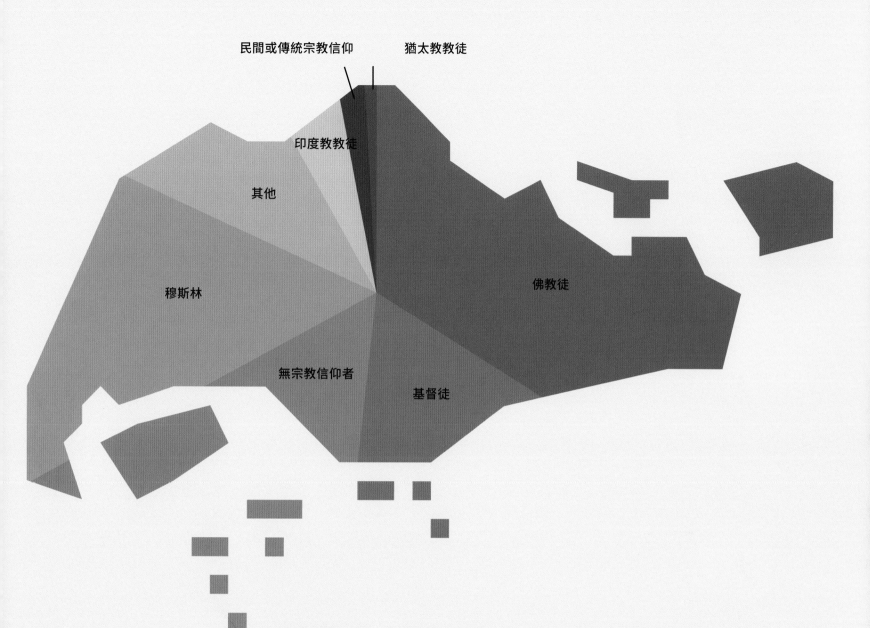

民間或傳統宗教信仰　　　猶太教教徒

印度教教徒

其他

穆斯林

佛教徒

無宗教信仰者

基督徒

新加坡是最具宗教多元性的國家。這幅圖將不同的信仰以不同大小呈現在風格化的新加坡地圖上。

以及像是巴哈伊教、耆那教、神道教、錫克教、道教、天理教、威卡教和祆教等等，雖然小卻又廣泛活動的宗教。

美國皮尤研究中心（The Pew Research Center）提出一個八層分類系統的想法，並蒐集了衍生出這幅地圖的數據之後結論指出，在全部被檢視的國家中，新加坡是最具有宗教多元性的國家。約有三分之一的新加坡人口是佛教徒、18% 基督徒、16% 無宗教信仰者、14% 穆斯林、10% 屬於「其他宗教信仰」、5% 印度教教徒、2% 民間或傳統宗教信仰，還有不到 1% 是猶太教教徒。在這分類系統被歸類在底層的九個國家──世界上多元性程度最低的國家──是個有趣的組合：巴布新幾內亞、西撒哈拉、伊朗（Iran）、羅馬尼亞、突尼西亞、東帝汶、阿富汗（Afghanistan）、索馬利亞，以及一起排在最後的紐西蘭屬托克勞群島、摩洛哥和梵蒂岡。

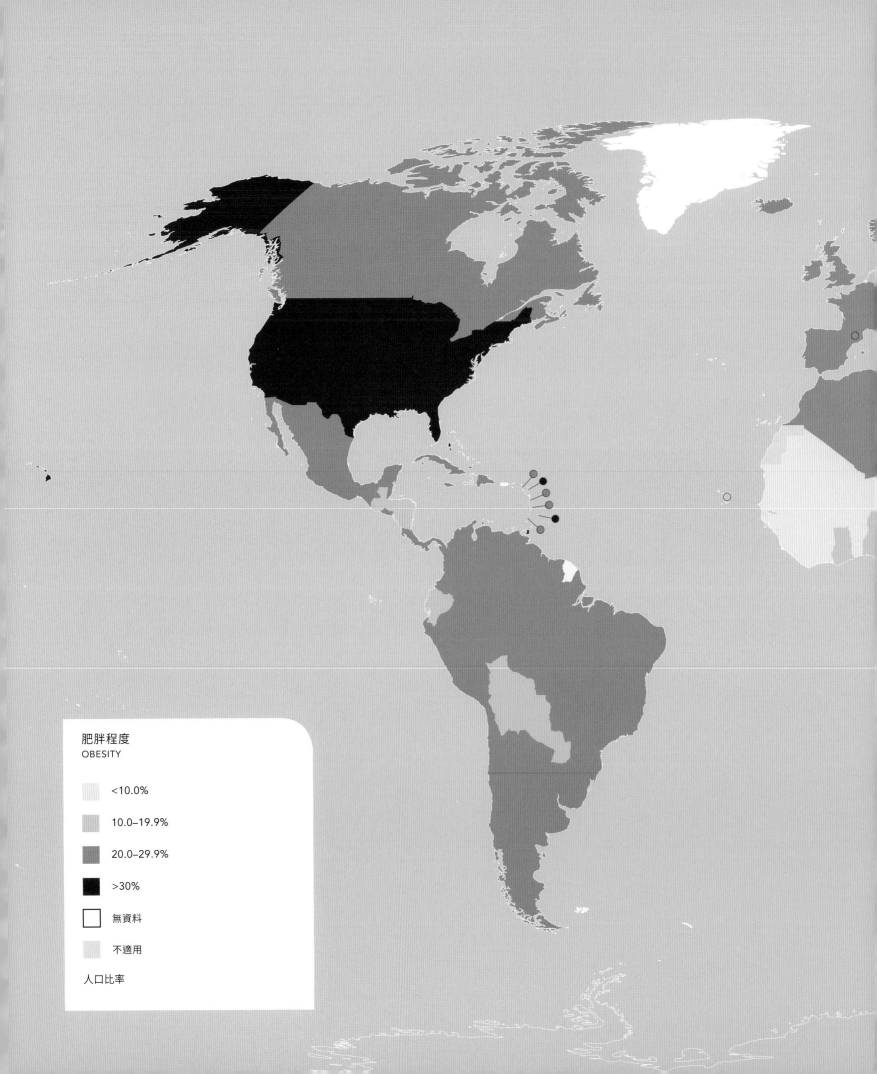

肥胖程度
OBESITY

	<10.0%
	10.0–19.9%
	20.0–29.9%
	>30%
	無資料
	不適用

人口比率

肥胖程度 OBESITY

全世界有超過 5 億肥胖人口，這是個全球性議題，也是我們面對的最大健康挑戰之一。在這裡，地圖可以幫助我們掌握世界有哪些地方正面臨這個最嚴峻的挑戰。

這幅地圖根據 2014 年世界衛生組織的數據繪製而成，顯示肥胖流行率最高的地方是在美洲（27%），最低是東南亞（5%）。「肥胖」意味著你的身體質量指數（Body Mass Index, BMI）超過 30（公斤／平方公尺）。BMI 的計算是以你的體重除以身高的平方而得。不出所料，美國是肥胖比例最高的國家。不過比較鮮為人知的是，中東人——特別是在沙烏地拉伯和利比亞——也跟歐洲和美洲人一樣肥胖。

肥胖問題嚴重與輕微的國家之間有最明顯區隔的地方，是北非和撒哈拉以南非洲國家。世界衛生組織對這幅地圖的評論指出：「高 BMI 的流行是伴隨著所得水準的提高而來的。相較於低所得國家，高所得國家的『肥胖總體流行率』高出四倍以上。」

這也許是個有用的事實，但如果以地圖顯示給我們的概念來看，世界衛生組織的說法是種以偏概全的解釋。因為包括日本在內的東亞國家的所得水準相對較高，肥胖卻很少見。事實上，從美國和加拿大之間的肥胖率差異，以及歐洲相對貧窮和富裕國家之間的肥胖率相等，可以看得出來，所得的高低不能用來解釋肥胖率。另一個主要原因是飲食差異。事實上，住在地圖上深色區域的人，食用肉類和乳製品是日常的文化。東亞的淺色也反映出他們的飲食文化裡，食用較多魚類而較少依賴乳製品。

更仔細地觀察，可以看到其他一些分布模式。肥胖問題最嚴重的國家既不是美洲也不是北非，而是在太平洋。太平洋島嶼國家，如美屬薩摩亞（American Samoa）、薩摩亞（Samoa）和東加王國（Tonga），常常是肥胖率世界排名最高的地區，肥胖也最為普遍。飲食轉變為食用更多的肉類和乳製品、久坐不動的

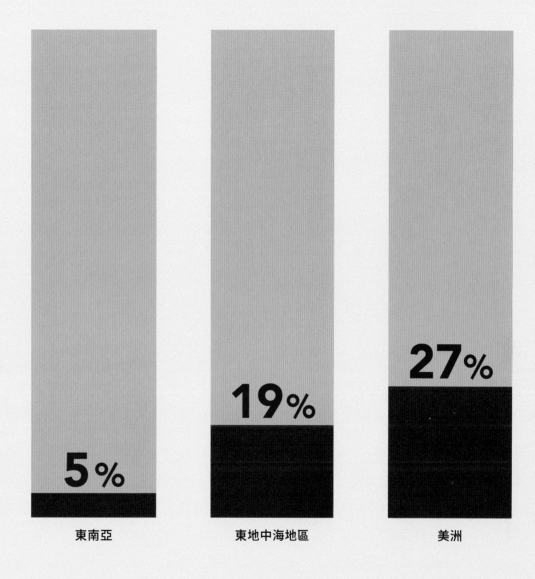

	5%	19%	27%
● 肥胖程度	東南亞	東地中海地區	美洲

生活方式以及肥胖代表富裕的文化,似乎都是造成肥胖的主因。

　　但是,也許這幅地圖上顯示的指數比其地理變異性更為重要。顏色較深表示有超過 20% 的肥胖人口,因此顯示出體重超重是個世界許多地區普遍存在的重大問題。雖然富裕國家出現了制衡趨勢,在那裡,高所得者通常喜歡也負擔得起健康飲食。不過,生活便利帶來更多高度加工和令人發胖的食物,才是主要驅動我們飲食過量的原因;所得提高並不會讓我們轉為食用壽司或低脂牛奶這一類相對健康的食物。

幸福程度
HAPPINESS

■ 2.86–3.80

■ 3.81–4.75

■ 4.76–5.70

■ 5.71–6.65

■ 6.66–7.60

□ 無資料

自我評估分數，0最差，10最好

幸福程度
HAPPINESS

　　錢可能不會讓你得到愛情，但它似乎可以買到幸福。這幅地圖顯示國家的幸福感自我報告。很明顯的，非洲、大部分中東和南亞地區，那些世界上最貧窮的地方，沒有其他地方快樂。阿拉伯半島的富裕國家脫穎而出，與西方世界的大部分地區一樣幸福。

　　但與錢可以買到快樂的論點明顯相違背的是拉丁美洲。看來，至少在這裡的有些人是跟里約格蘭德河（Rio Grande，美墨國界河）北部的有錢人一樣快樂。這現象有點讓人摸不著頭緒；雖然值得注意的是，整個拉丁美洲的人均國內生產總值近似於俄羅斯。

　　這幅地圖源於 2015 年發布的《世界幸福報告》（*World Happiness Report*）。第一份《世界幸福報告》於 2012 年出版，是「聯合國幸福與福祉高級會議」（United Nations High Level Meeting on Happiness and Well-Being）的出版品，這是應不丹總理之請，希望各國開始重視幸福。有些國家把這個召喚聽進去了：阿拉伯聯合大公國的國家議程就將「成為全世界最幸福的國家」列為目標。

　　這裡衡量的是幸福感。我們地圖上的不同色調顯示了根據 2012~2014 年間調查的平均值結果，民眾以 0 到 10 的等級評估他們當前生活的品質，0 表示最差的生活，10 表示最好的。《世界幸福報告》分析了這些數據，想了解特定因素如何影響幸福。事實證明，人均國內生產總值是決定性因素之一。其他的關鍵影響還有社會支持、健康平均餘命、生活抉擇的自由度、慷慨和免於貪腐的自由。所得的確有影響，但故事不只這樣：身為關愛、健康和開放社會的一部分也同等重要。

　　受調查的 158 個國家，列出了最幸福與最不幸福的名單，有些是預期的結果，但也有令人驚訝的事實。幸福感最高的是瑞士，其次是冰島、丹麥、挪威、加拿大、芬蘭、荷蘭、瑞典、紐西蘭和澳洲。美國排名 15，介於墨西哥（14）與巴西（16）之間。英國是第 21 名，低於阿拉伯聯合大公國，但高於德

1. 挪威

2. 丹麥

3. 冰島

4. 瑞士

5.芬蘭

國（Germany, 26）、法國（29）、西班牙（36）和義大利（50）。為什麼以無病呻吟著稱的英國人，似乎比其他許多愛抱怨的歐洲鄰國更快樂？依我自己的不科學和完全輕率的理論解釋，可能的原因是英國人把變得脾氣暴躁當成樂趣。在列表的另一端，也就是最不幸福的國家，主要由非洲國家所組成。排名最後的十個國家中，只有敘利亞和阿富汗不是非洲國家。

全球化

推特關係 TWITTER RELATIONSHIPS

推特關係

雖然推特（Twitter）的訊息只能輸入 140 個字元，但它已經成為世界觀點的溫度計。這幅地圖注重在一種特定的推文（tweet）：轉推（retweet），用戶轉發他們想引起注意的推文。以這種方式來看，這幅地圖是由 2012 年 10 月 23 日至 2012 年 11 月 30 日之間發送的所有轉推中精煉出來的結果。它至少在推特圈（Twittersphere）中，顯示出世界上有哪些地方對彼此感興趣，還有哪些地方是世界不感興趣的。

在對數據進行大量的整理和篩選之後，最終的圖像是由最強的 42,000 條線組成。許多線條的模式都很清楚：大西洋上有大量的光線，通過阿拉伯半島，到東南亞的城市；相反的，北美和南美不像人們期望的那樣對彼此感興趣。另外，歐洲和南美洲有更加強勁的轉推連結。因為推特在中國受到禁止，所以東亞的聯結直接略過中國的大城市，直奔南韓和日本，這樣的狀況並不足為奇。

這個圖像的組成，是由伊利諾大學香檳分校（University of Illinois at Urbana-Champaign）的一個資訊科學家團隊所完成。這是一件美麗的作品，其中，光線以芭蕾舞的優雅姿態跨越世界舞台，我們的眼睛也自然而然地被那些連結大陸之間最長的線條所吸引。但如果仔細檢查會發現，大多數的轉推其實都是本地的。美國東岸是該國、也是地球上最繁忙的樞紐，而在世界各地，人們由鄰近地區轉推的訊息比相距更遠的地方還要多。很顯然的，用戶只是一次轉推或是引用另一位用戶的推文，他們之間的平均距離大約 1,000 公里，但距離會隨著轉推次數的增加而下降。

即使在簡化了所有連接線之後，世界某些地方的通訊密度也令人吃驚。在 2017 年初，世界上 3 億 2800 萬個活躍的推特用戶中，有 7000 萬人居住在美國；約 1400 萬人在英國。正如地圖所示，非洲的用戶數量要低得多，而用戶最多的非洲國家是奈及利亞，人數大約 200 萬。如果這真如推特所堅持認為的是「星球的脈搏」，那麼我們星球的心跳顯然在某些地方比其他地方跳動得更激烈。

英國

14

百萬用戶

奈及利亞

2

百萬用戶

美國

70

百萬用戶

在全球3億2800萬個活躍的推特用戶中,來自三個國家的大約用戶數量(2017年第一季)。

伊利諾大學的團隊將推特的覆蓋率與主流媒體進行比較,發現後者對拉丁美洲的「覆蓋率明顯減少,但非洲則大幅增加」,總體而言,「主流媒體在世界上的涵蓋是比較平均的」。伊利諾團隊編製了一系列的推特地圖,以便我們能綜觀推特用戶的操作、習慣和地理性質。他們得到一些特別有趣的見解:在世界的大部分地區,用戶在推特的訊息中堅持使用自己的語言,卻用英文提供他們的當地位置。所以當地位置的名字充滿像是「巴黎——光之城!」(Paris – the City of Light!)或「東京,我的家園」(Tokyo, my home of homes)這樣的表達方式。他們認為一個可能的解釋是:這代表世界各地的用戶嘗試確保他們的推文至少顯示在搜索結果中,儘管用戶不是很關心以英語為母語的人知不知道他們在說什麼,但是「他們確實希望別人知道他們的存在」。

美國連鎖速食店
US FAST-FOOD FRANCHISES

無

<10

10–50

50–100

100–200

>200

每百萬人口的速食店數量

美國連鎖速食店的擴散不僅僅是快餐的擴散，也是連鎖經營模式的成功。這是一個允許公司將風險轉移給連鎖店的模式，而連鎖店所得到的回報是，可以經由營運和成功的零售品牌中獲益。這幅地圖顯示每百萬人口的速食店數量，以麥當勞、Subway、必勝客、星巴克和肯德基這五家連鎖店的業務為根據。

每個國家都有自己的速食。在世界上任何一個城市，你會發現街頭攤販販賣所有的東西，由油炸中東蔬菜球到碗麵，它的調理速度快，價格又便宜。美國速食指的，就是在可識別的環境中快速提供標準化產品。這幅地圖向我們展示了世界上有些地方已經發展出相當程度對速食店的喜好。澳洲和英國都很熱衷，冰島也是，阿拉伯聯合大公國和馬來西亞同樣如此。

相反的，在很大一部分的非洲地區中，你根本找不到一家麥當勞。隨意猜想，這應該是人們喜歡傳統風味的食物而拒絕美國速食。更有可能的解釋是，經濟發展尚未達到創造足夠的企業家，或是消費者還不夠富裕，能支持這些速食店正常營運。

不同的連鎖店在世界各地的分布是不均勻的。麥當勞是歐洲的大戶，肯德基則在東亞和東南亞更為成功。2013 年，中國肯德基的數量超過美國本土。事實上，中國在這幅地圖上之所以不顯眼，反映的是其龐大的人口，而不是因為美國速食店稀少。Subway 已成為最近的成功案例之一，在歐洲、亞洲和美洲迅速擴張。現在，在 112 國中擁有約 45,000 家餐館（麥當勞擁有 36,500 家）。

並不是所有的美國速食公司最後都變成了全球性企業，有些像白色城堡（White Castle）一度嘗試過但失敗了。不過還是有塔可鐘（Taco Bell）和酥脆奶油（Krispy Kreme）甜甜圈之類的公司正向前邁進。而且，儘管有關於個別公司財富縮水的消息時不時出現在報導中，但世界似乎仍對美國速食趨之若鶩。

目前美國是獨一無二的；其他國家也發展出自己的速食連鎖店，但大多只

麥當勞
36,500 家

119

國

肯德基
19,955 家

123

國

星巴克
20,995 家

70

國

Subway
44,810 家

112

國

必勝客
16,125 家

59

國

世界速食王國的概況。Subway 已經躍居全球最大速食龍頭之一。

是侷限在自己國家內。在這個本該是競爭激烈的市場中還真的有點奇怪：當談到國際速食時只有兩種選擇：美國模式，或什麼都沒有。

海運航線
SHIPPING ROUTES

航線

海運航線
SHIPPING ROUTES

在網際網路和航空旅行似乎占主導地位的世界中,值得注意的是,我們進出口的大部分物品都是用船運輸的。雖然很多人質疑這樣的說法,不過套一句《經濟學人》(*The Economist*)說的:貨櫃船「比過去五十年來的所有貿易協定更加速驅動了全球化的進行」。貨櫃船已經將曾經是勞動密集、昂貴和笨重的活動,轉變為自動化和具有成本效益的全球系統。

大約 60% 的運輸貿易是貨櫃運輸的,其餘的則由散裝貨船(bulk freighters)運輸。在我們的地圖上標繪的船隻,都試圖找到「大圓距離」(great-circle distance),它代表的是球體表面兩點之間的最短距離。在擁有如此多陸地的星球上找到大圓距離並不容易。最繁忙的航線是橫跨北太平洋和北大西洋的旅行航線,以及從東亞和南亞穿過印度洋到歐洲的航線:或者通過埃及蘇伊士運河(Suez Canal),或是繞過南非的好望角(Cape of Good Hope)。

另外兩條海運要道是麻六甲海峽(Straits of Malacca),馬來半島和蘇門答臘之間的狹窄水道;以及任何進入波斯灣的船隻都必須通過的荷莫茲海峽(Strait of Hormuz)。

在美洲地區,中美洲周邊的航道聚集,是由大量前往巴拿馬運河(Panama Canal)的船隻所造成的。事實上,還是有很多船隻仍然選擇繞過南美洲和非洲的長途航線,這反映出世界運輸運河的問題:運河對於新一代超大型船隻來說已經不夠大。「巴拿馬極限型」(Panamax)和「蘇伊士極限型」(Suezmax)的規範讓船長知道他們的船隻能否通過運河。第一艘「後巴拿馬極限型」(post-Panamax)的船——對巴拿馬運河來說太大的船隻——是 1934 年開始服役的瑪麗皇后號(RMS Queen Mary)。1980 年代,新一代後巴拿馬極限型的龐然大物開始航行,讓這個全球閘門面臨嚴峻的挑戰。雖然更大的運河在 2016 年竣工且開放通行,但最大的貨櫃船仍然擠不過去,而必須繞一大圈。

「中國極限型」(Chinamax)是另一個新的航海術語。這是衡量滿載船隻

由於北極的冰帽溶解，新的航道因此打開，例如連結新加坡與德國的北海航線（Northern Sea Route）。

尺寸的一種標準，但也是一個提醒我們的詞：告訴我們世界上大部分航運現在來自哪裡。船運貿易常常是依據船隻貨運承載能力來衡量，並以等同 20 呎標準貨櫃（Twenty-Foot Equivalent Unit, TEU）做為衡量的單位。世界上最大的航線是亞洲到北美之間，超過 2300 萬 TEU，這讓第二大航線——亞洲到北歐之間、1370 萬 TEU ——相形之下變得渺小許多。

貿易方向也許更有說服力。在亞洲北美間的航線上，貨運向東朝北美的運輸量是反方向的兩倍多。同樣的，在亞洲北歐間的航線上，超過 900 萬 TEU 是朝向北歐，只有 450 萬 TEU 是從北歐到亞洲。

所有這些在地圖上展開的線條也告訴我們，貨物是在哪裡製造，又是在哪裡消費的。

能量通量
ENERGY FLUX

—— 輸油與天然氣管道

—— 輸電線路

能量通量

　　據估計，過去一百年來，世界在創造能源基礎設施方面花了 100 兆美元。我們可以在這幅地圖上看到結果，以及錢花在哪裡。電力傳輸線以白色標示，石油和天然氣運輸為主的管道標以黃色。管線密集地聚集在歐洲，形成一個光線充沛和蔓延的地區，管線進一步分成如卷鬚狀的細線，然後深入周邊地區。長的黃色管道一路遠從西伯利亞和中東的油田地區吸取油氣，美國和加拿大南部地區以及東亞和日本都有很密集的能量傳輸活動，印度也因其綜合電力基礎設施而脫穎而出。

　　地圖的大部分黑暗地區告訴我們，生活在那裡的人不多。值得回顧的是，印度的人口與整個非洲大陸的人口大致相同，所以這片廣大的大陸沒有被管線覆蓋並不奇怪。然而，人口眾多的非洲地區，如西非海岸，顯然沒有什麼能量運輸管線的連結。如果奈及利亞人能夠像歐洲人一樣的獲得能源，那麼該國的大部分地區就會像歐洲一樣明亮。另外，一些完全黑暗的地區顯示了災難性的能源供應中斷。

　　這幅地圖是源自加拿大非營利組織蓋婭地球（Globaïa）的成果，該組織已經發行了一系列以《人類世的製圖學》（*Cartography of the Anthropocene*）為標題的地圖。人類世是一個新的地質年代，源於人類對地球的影響。一些地質學家不喜歡這個術語，因為他們認為這種想法似乎自負的以為我們是很重要的物種，其他人則覺得我們從根本上改變了環境，這大部分得歸因於這幅地圖上顯示的這一類基礎設施。

　　從遠方看，能源傳輸看起來像一個龐大互相聯接的整體，但它並不是。如長的黃線所示，如果能安裝一些泵站，則可鋪設的天然氣或石油管路的長度就沒有限制。電力傳輸就不太一樣了，你在傳輸電纜附近聽到的嘎嘎聲是電力損失的聲音；電線中段會下垂有部分原因是因為過熱——電力損失的另一個跡象。這個漏電系統解釋了為什麼地圖上的白線比黃線短得多。它對工程師來

這幅地圖顯示了人造系統的完整組合：全球的交通運輸、通訊網絡和能源基礎設施。

說是一項長期的挑戰，如果可以破解，將意味著世界電力供應的革命。最近已經發現，超低溫超導體可以應用在地下電纜中傳輸電力，而且幾乎沒有功率損耗，但建造費用非常昂貴。不過，尋求有效的長途電力運輸解決方案還是需要持續進行。

移民數量
NUMBER OF MIGRANTS

<2%

2–5%

5–10%

10–15%

15–20%

20–40%

>40%

移民百分比，2015年的資料

不同國家之間的移民人口規模有些明顯的分歧，中東和中亞地區呈現出最為激烈的對比。2015 年阿曼（Oman）、約旦（Jordan）和以色列的外來移民比例超過 40%，在沙烏地阿拉伯，外國移民的比例幾乎也是這個規模，但鄰國的葉門和伊拉克則維持在很小的比例。

在某些方面，這是一幅繁榮、安定和可到達性（accessibility）的地圖。沒有人想要生活在一個不安全的國家。很明顯的，人們在西方的許多國家以及其他富裕的地區找到了這些好處。

這幅地圖上的大片藍色之一，就在俄羅斯以下的地方：中亞國家哈薩克。一個石油豐富的國家，它有二百多萬俄羅斯人，以及來自其他鄰國越來越多的移民。其他有趣的對比可能更為人所知，例如加拿大的移民比例大於美國，澳洲和紐西蘭還是持續吸引移民前往。

在非洲、南美洲以及東南亞地區，有大片的低移民國家。整個世界現在是一個國際大都會，四海皆可為家的概念雖然可能很有吸引力，但其實這只是個大謊言。印度、中國和日本在許多方面可能很多元，居住在那裡的外國人卻不多。

也許我們的世界正分裂成兩種類別，一種是有許多移民生活的國家，另一種是移民相當罕見的國家。那些吸引移民的國家，似乎有吸引更多移民的趨勢，而目前有些微跡象顯示，許多亞洲國際大都會的成因就跟大部分西歐和中東某些地區一樣。

國際移民人數不斷增加。2000 年，有 1 億 7300 萬國際移民；到 2015 年，移民人數已經增至 2 億 4400 萬，其中包括 2000 萬名難民。這是一幅百分比的地圖，不過，如果以絕對值來說，近三分之二的國際移民居住在歐洲（7600萬）或亞洲（7500 萬），北美排名第三（5400 萬）。而且，所有國際移民中有三分之二生活在 20 個國家中，其中美國的人數最多，其次是德國、俄羅斯和

<100,000

祕魯
摩洛哥
蒙古
尼加拉瓜
宏都拉斯
瓜地馬拉
那米比亞

76
百萬

歐洲

54
百萬

北美洲

75
百萬

亞洲

近三分之二的國際移民居住在歐洲或亞洲。

沙烏地阿拉伯。另一方面,如地圖所示,也有很多國家是不受移民青睞的。綜合上述兩種情況,再加上越來越多的證據指出,在國際大都會和非國際大都會之間的分歧已經越來越大了。

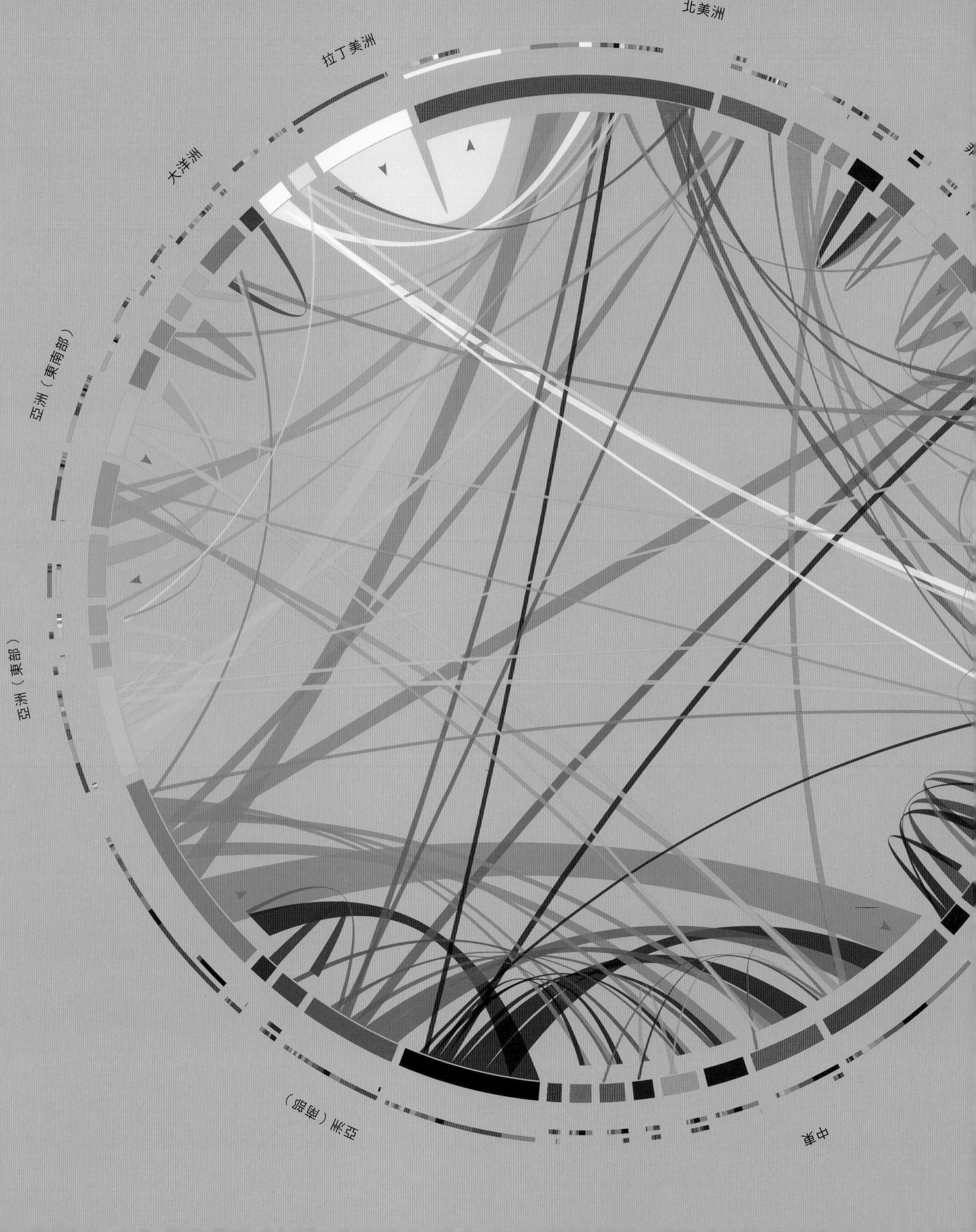

北美洲

拉丁美洲

大洋洲

亞洲（東南部）

亞洲（東部）

亞洲（南部）

中東

北美洲

■ 美國

■ 加拿大

非洲

■ 摩洛哥

■ 埃及

■ 象牙海岸

■ 布吉納法索

■ 迦納

■ 奈及利亞

■ 辛巴威

■ 南非

歐洲

■ 英國

■ 德國

■ 法國

■ 荷蘭

■ 瑞士

■ 西班牙

■ 義大利

■ 葡萄牙

俄羅斯與中亞

■ 烏克蘭

■ 俄羅斯

■ 哈薩克

■ 烏茲別克

中東

■ 阿拉伯聯合大公國

■ 沙烏地阿拉伯

■ 卡達

■ 敘利亞

■ 約旦

■ 科威特

■ 巴林

■ 以色列

拉丁美洲

■ 墨西哥

■ 巴西

■ 祕魯

大洋洲

■ 紐西蘭

■ 澳洲

亞洲（東南部）

■ 越南

■ 泰國

■ 緬甸

■ 新加坡

■ 印尼

■ 菲律賓

■ 馬來西亞

亞洲（東部）

■ 日本

■ 香港

■ 中國

亞洲（南部）

■ 印度

■ 阿富汗

■ 伊朗

■ 巴基斯坦

外圈＝移入國

內圈＝移出國

歐洲

俄羅斯與中亞

亞洲中亞

和弦圖（chord diagrams）是表示複雜數據的新方式，特別是涉及多種連接的數據時，更方便呈現數據的結果。儘管 2007 年首次使用是為了將基因組資訊視覺化，但現在，這些圖表已經被移民研究人員普遍應用在研究上。一如本書中的地圖，它們以視覺化的方式提供資訊：簡化，不提供細節，最後我們得到的就是一個大概印象。如果將有關雙邊移民流動的資訊放在世界地圖上，結果看起來就像一盤義大利麵；但是如果以一個圓形的模型呈現，看起來就很漂亮而且清楚許多。

只要知道三件事，我們就可以開始使用這幅統計圖。首先，每個國家都有自己的顏色；其次，每塊大陸被區分為同色系的色帶（如歐洲國家是以不同的綠色呈現）；最後，弦的色彩代表移出國。如果我們將這三個事實再結合另一個，也就是弦的厚度代表人口流動的大小，就更容易了解這幅統計圖了。

我們可以看到，在這個圓圈的右邊：歐洲是移民接收者而不是發送者，大部分的移民來自非洲和美洲。在左上角，我們可以看到從墨西哥到美國的大塊黃色，代表從前者到後者的遷移規模。轉到右邊紫色邊緣的紫色圓圈上，很明顯的，前蘇聯的大部分移民發生在那些地區。值得挑出來說明的另一種模式是，來自特定亞洲國家的大量流動人口，發生在標示藍色的波斯灣國家。

如果我們要更加精通和弦圖，還有其他一些特性需要注意。在本圖中最外圈的環是以移民移出國的顏色表示，第二圈指的則是移入國。某些國家沒有太多的外圈，因為她們大多是接受移民的；相反的，其他一些國家的內圈很小，因為她們主要是送出移民的國家。儘管在非洲區段我們會發現少數國家有等長的最外圈與第二圈，卻屬罕見。進一步了解這些國家的移民移出和移入國，可以明顯發現，非洲內部的移民很多，移民出走非洲的也很多。

這幅頗具吸引力的圖表，源自維也納人口學研究所（Vienna Institute of Demography）人口專家的努力，他們使用一種稱為馬戲團（Circos）的軟體來繪

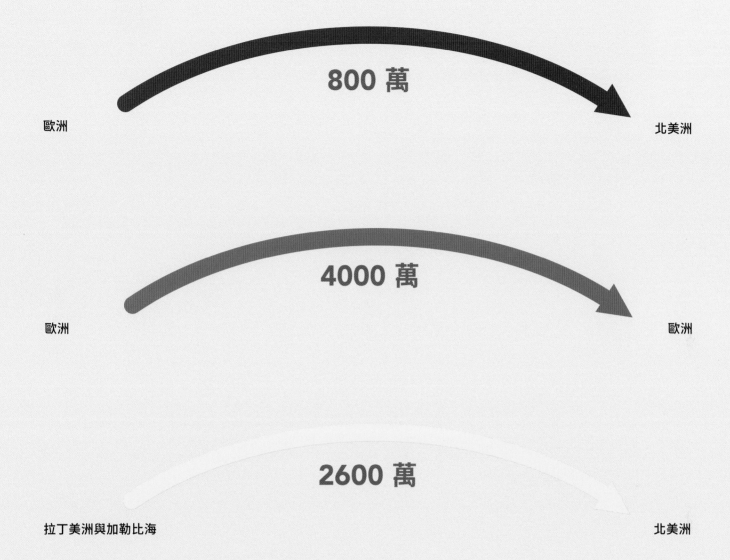

800 萬

歐洲　　　　　　　　　　　　　　　　　　北美洲

4000 萬

歐洲　　　　　　　　　　　　　　　　　　歐洲

2600 萬

拉丁美洲與加勒比海　　　　　　　　　　　　北美洲

截至2015年國際移民的移出
地區與移入地區。

圖，以圓形的形式顯示統計數據。這幅圖是根據 2005~2010 年間國與國之間遷移的人數，更具體地說，是對 50 個國家移出或移入至少 0.5% 的世界移民人口做出的估計。

移居美國的人口
PEOPLE LIVING IN THE US BORN OUTSIDE THE US

<1,000

1–10k

10–90k

100–240k

250–490k

500–990k

>1m

　　全球有五分之一的國際移民居住在美國。2015 年，居住在美國的 4663 萬人是在他國出生的。這幅地圖顯示他們出生的地點，其中美國移民人數最多的國家顯示為深紫色，與其餘的國家之間存在著巨大的差距。墨西哥是迄今為止移民到美國的最大輸出國，有超過 1200 萬墨西哥人往北遷移。

　　然而，相較於美國的移民人口，世界第二大移民目的地的德國顯得少很多，有約 1200 萬。移民美國的人口排名墨西哥之後的，是來自中國的移民集團，有 210 萬人，再次是印度（197 萬）、菲律賓（190 萬）、波多黎各（Puerto Rico, 174 萬）、越南（130 萬）、薩爾瓦多（El Salvador, 128 萬）、古巴（113 萬）、韓國（112 萬）和多明尼加共和國（Dominican Republic, 94 萬）。

　　移居美國的人口清單中，一個比較特別的地方是移民的多元化：這是個多元文化的移民格局，有來自南美洲、加勒比海，也有南亞、東亞和東南亞的人們。儘管前十大移民輸出國的移民數字超過所有其他移民的總數量，還是有為數眾多的其他移民輸出國以較少量卻持續不斷的移民湧入美國。這些標示為紫色的國家，也就是僅次於深紫色的一個類別，告訴我們有大量的德國人（63 萬）、英國人（71 萬）還有一點也不令人意外的加拿大人（84 萬）正生活在美國。

　　地球上所有國家都有人移民到美國，只是數量上的多寡而已。加拿大和西歐的許多國家也有相同的狀況，在這些國家中，都可以看到規模特徵以及令人難以置信的多元化移民模式。說西方的大都會住著來自世界各個角落的人，一點也不誇張。

　　另外一個有趣的現象是，想離開美國的人占比非常小。例如在 2015 年，只有 1% 的美國人生活在美國以外的地方，相較於西方其他國家，這個數字顯得小很多。

　　這幅地圖的數據來自一個非黨派的美國「事實庫」（fact tank）：皮尤研究

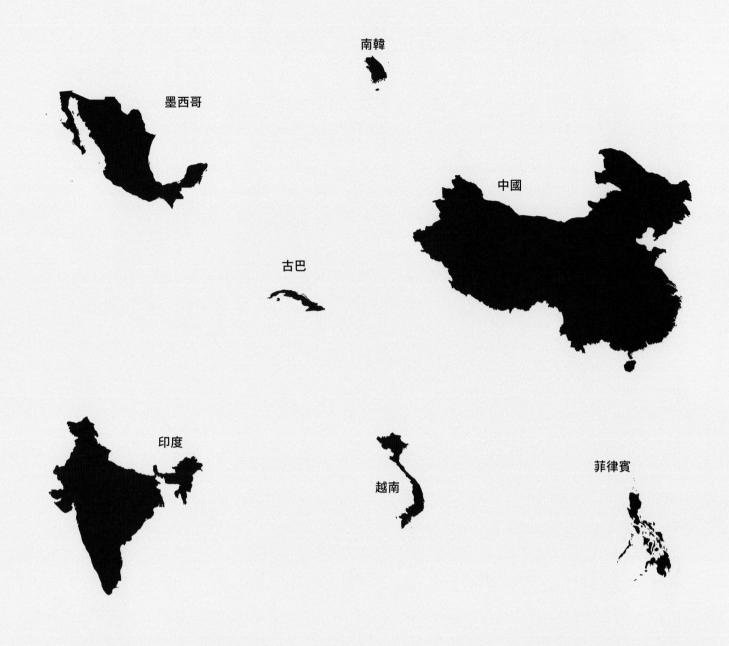

南韓

墨西哥

中國

古巴

印度

越南

菲律賓

最多人口移民美國的各個遠近不同的國家。

中心，數據還包括非法移民數量的估計。研究中心指出，儘管移居的絕對數量很大，但這個數量並不占美國壓倒性的百分比。美國約有 14% 的人口是在外國出生的，比加拿大（22%）或澳洲（28%）都低得多。有趣的是，最近皮尤中心的研究顯示，有更多的墨西哥人開始離開美國，而不是移居美國。

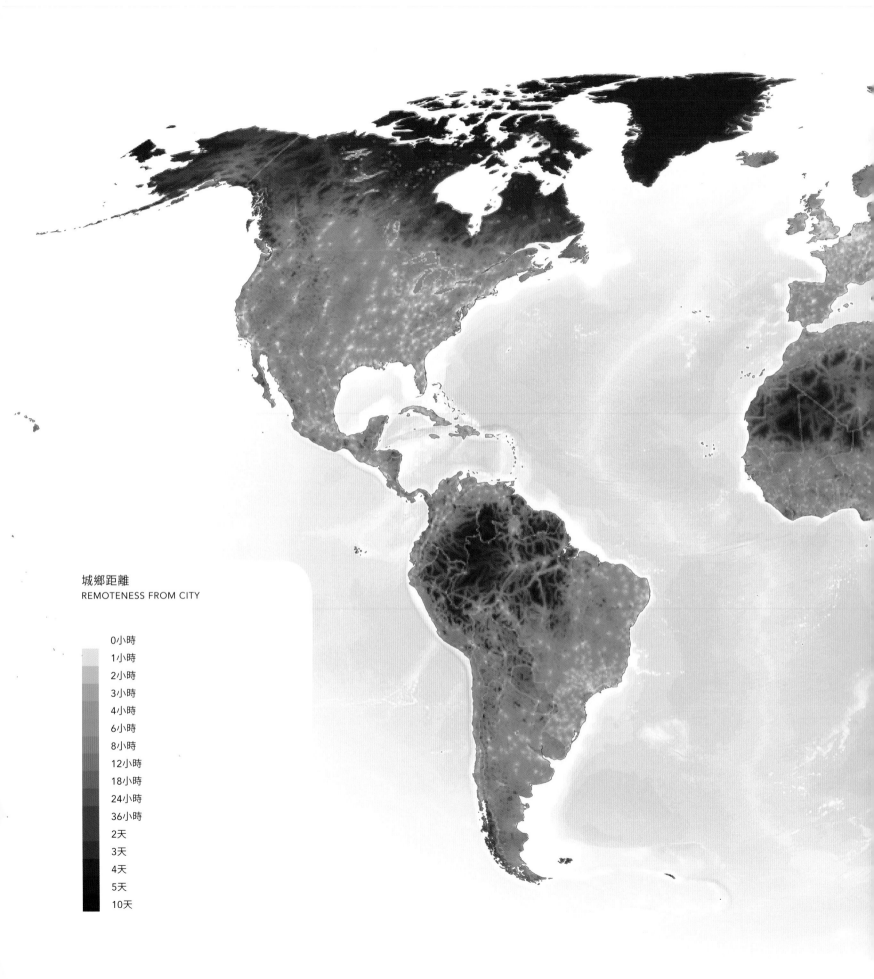

城鄉距離
REMOTENESS FROM CITY

0小時
1小時
2小時
3小時
4小時
6小時
8小時
12小時
18小時
24小時
36小時
2天
3天
4天
5天
10天

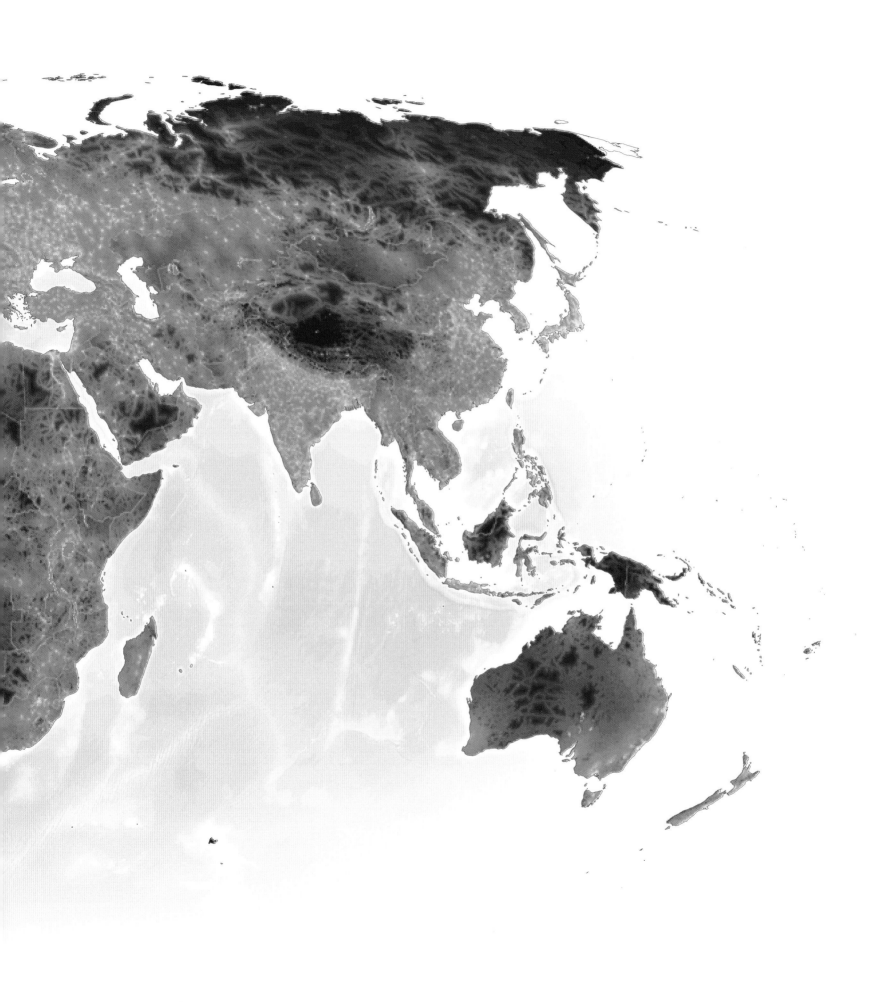

城鄉距離

　　我們向來認為，所謂的「偏遠」指的是我們離城市生活有多遠的距離。在如今這個網際網路時代，人們可能會覺得距離的遠近已經不太有關係，但實際上，就獲得醫療服務到政治和文化活動方面的便利設施而言，很鄉下的地方還是不普及。這幅地圖上的黑色斑塊代表幾乎與世隔絕的地方：由這些地方要旅行到城市所花的時間，必須以天而不是以小時為單位計算，而且最遠的更長達10天。

　　這幅地圖根據的是，單憑陸上或水上旅行至 8,518 個人口 5 萬以上的城市所需的時間，明亮的地區代表到城市的旅行時間在一天以內。這幅地圖的主要重點是：絕大多數人都住在這些較光亮的地區。

　　所有的耕地中，大約有 60% 與城市的距離在兩個小時路程之內。幾個世紀以前，這些亮區的數量遠少於今日，但是今天，到我們這一代，人們已經理所當然的覺得城市世界並不遙遠，即使生活在被田野和山脈圍繞的地方，城市的一切機會和問題也都是他們平常生活的一部分。

　　以這種視角觀之，在這幅地圖上，舊的農村和城市社會之間的區別已不再適用。這種城鄉之間差異縮小的事實不僅發生在西方，印度、大部分的南美洲地區、東亞以及非洲很多地區，在地圖上的光亮程度還是令人印象深刻。過去五十年以來，這些地區的城市擴張最為激烈。不但大都市擴大了，而且無數的村莊也已經城鎮化，城鎮也升級為都市。

　　這幅地圖最黑暗的部分都是沒有人居住的荒郊野外，例如，大部分的格陵蘭島，或西伯利亞和加拿大的北部，這些地方幾無人煙。而在非洲的撒哈拉地區、南美洲的亞馬遜河流域或是澳洲的沙漠地區，雖然只有非常少的人口，但也不可忽略。

　　再者，地圖確實也指出幾個人口其實相當多，但在現代人眼中卻是與世隔絕的地方，像是喜馬拉雅山和西藏高原（Tibetan Plateau）的人口已經達到數百

53

全球的都市人口
=53%的世界人口

所有可耕地的60%

2

小時旅行

城市

將近三分之二的世界農耕地離
城市在兩小時路程之內。

萬人,而且一部分這些地方的「偏遠山區」數量,可能因為中國正在建設的新
的公路和鐵路而減少。印尼與西巴布亞(West Papua)以及婆羅洲的黑暗地帶,
可能很快就會成為少數人口數量相當多卻遠離任何一個城市的地方。

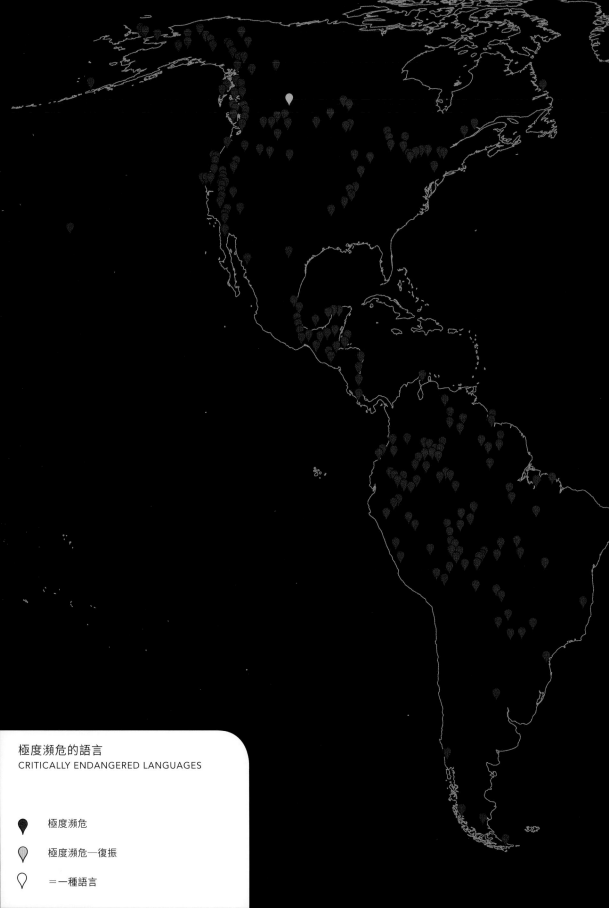

極度瀕危的語言
CRITICALLY ENDANGERED LANGUAGES

📍 極度瀕危

📍 極度瀕危—復振

📍 ＝一種語言

「除了全球暖化，語言消失是地球上最嚴重的危機。」聯合國教科文組織這個醒目的聲明，突顯出世界上許多語言正大規模的消失，以及語言消失對我們可能造成的衝擊。

這幅地圖上顯示了 577 種極度瀕危的語言，它們處於滅絕的邊緣，而且還只是語言消失的冰山一角。會稱之為「極度瀕危」，就是意味著這些語言已經被困在最後一個世代了：會說這些語言的人都已雪鬢霜鬢，而且他們也不經常使用，僅知道這語言的一部分。由圖中我們可以看到有多少這些語言是位在熱帶地區：在亞馬遜河流域的原住民聚落以及非洲和東南亞的部族社群之間。在墨西哥、美國、加拿大和澳洲，很多本土的語言也淪落到這組中。

我們的數據源於聯合國教科文組織的《世界瀕危語言地圖集》（*Atlas of the World's Languages in Danger*）。聯合國教科文組織已經宣布，在全球超過 6,000 種語言中，有超過 43% 的語言是瀕危的，而且「以目前的速度看來，會有超過一半的語言將在未來一百年內消失」。聯合國教科文組織在線上推出一種可互動的地圖集，旨在追蹤處於危險中的語言。令人遺憾的是，這議題卻被認為不重要，所以這個線上資源沒有獲得任何資金的援助。那些經歷數千年演化的語言正在消失，而且企圖保存或振興它們的機會變得微乎其微。

今日世界十大語言占世界人口約一半左右。這個數字代表著語言正戲劇性的轉移朝向同質性。另外一半的人口，有越來越多人需要學習與使用主流語言來獲得利益，同時視母語為過時的。大約有 100 種語言被列在極度瀕危的語言名單上，會說這些語言的人屈指可數，例如，日本的阿伊努族（Ainu）和智利的雅岡族（Yagan）。這些人歷經多年的迫害，讓他們覺得以祖先的語言交談是一種恥辱，那些仍然認識這些語言的老人，大多只在族人間的言談才會使用母語。

當會說的人數變得很少，保存工作也隨之更複雜。例如，最後會說阿亞帕

瑞典

烏美薩米語（Ume Sami）
20名說者

查德

馬布里語（Mabiri）
3名說者

越南

伊度語（Iduh）
5名說者

以色列

猶太巴爾紮尼新亞拉姆語
（Barzani Jewish Neo-Aramaic）
20名說者

烏克蘭

卡拉伊姆語（Karaim）
6名說者

厄瓜多

西亞皮迪語（Sia Pedee）
30名說者

馬布里語是世界上最受威脅的語言之一，估計只剩下3個人會說。

涅科（Ayapaneco）墨西哥語的兩名僅存者，並沒有相處得很好而且拒絕相互交談。還有一種狀況是，即使曾經在人們腦海中非常熟識的那些語言也會消失。芝加哥大學的語言學家薩利柯柯·穆夫溫（Salikoko Mufwene）就是個活生生的例子，在剛果長大、能說基樣西語（Kiyansi）的穆夫溫發現，離家四十多年後回到家鄉時，他卻忘了原本熟悉的語言。「我體認到基樣西語存在我想像中的比實際上的多，」他進一步說明：「語言就是這樣消亡的。」

看著地圖上的英國，我們看到兩個亮點的信號：最後一名以曼島語（Manx）為母語的內德·馬德雷爾（Ned Maddrell）於 1974 年去世，以及最後一個會說康瓦爾語（Cornish）的多莉·波普特（Dolly Pentreath）在 1777 年去世；但近年來，在一小群社會運動參與者的努力下，讓這兩種語言得以復活。在未來的歲月裡，更多的語言需要類似的復興行動。

國際堅果貿易
WORLD NUT TRADE

- 杏仁果仁
- 巴西堅果仁
- 帶殼腰果
- 腰果仁
- 榛果仁
- 夏威夷豆
- 美洲山核桃仁
- 松果仁
- 帶殼開心果
- 核桃仁

箭頭寬度代表的是貿易量大小

國際堅果貿易

隨著世界貿易變得更加全球化，已經有許多地圖嘗試顯示出貿易的流動與交流的狀況。而且許多地圖都是非常專門的，例如國際堅果暨果乾委員基金會（International Nut and Dried Fruit Council Foundation）在 2015 年首次出版的堅果貿易的簡化版地圖，它讓我們一目了然的知道生產地區顯然非常集中以及進出口的方向。像是美國在杏仁貿易的主導地位，可以從美國的大黑箭頭指向歐洲看出來。這個箭頭後面的統計數據顯示，世界杏仁果仁交易量（472 公噸）絕大多數來自美國，且其中的 237 公噸是出口至歐洲。

我們舉另一個例子：來自西非的大灰色箭頭，也就是「帶殼腰果」的貿易方向。在這項產品（824 公噸）的世界貿易總量中，西非向印度提供了 442 公噸，向越南出口了 285 公噸。這是非洲和亞洲之間的貿易路線，前者具有適當的生產環境，後者則有使用大量腰果的食品文化。

一些較小的生產中心同樣顯示在地圖上。例如，土耳其將幾乎所有的榛果仁都送到歐洲。伊朗是「帶殼開心果」的主要來源，並向四面八方出口：世界貿易量是 138 公噸，其中，伊朗向中國出口 33 公噸、20 公噸到阿拉伯聯合大公國、15 公噸到歐洲。

還有其他的故事隱藏在較小的細節中。如果注意南美，我們可以看到，其實巴西堅果不是來自巴西，而是來自玻利維亞，而且甚至祕魯也有少量出口。原來，生產巴西堅果的大樹所開的花需要熱帶蜜蜂授粉，而熱帶蜜蜂自身的生殖週期取決一種長在樹冠上的特別蘭花（蜜蜂會被蘭花的特殊氣味吸引，前來交配）。在巴西沒有那種蘭花，玻利維亞和祕魯卻有。沒有蘭花就沒有蜜蜂，沒有蜜蜂就沒有堅果，也就沒有來自巴西的紫色箭頭。

我們無法從簡化的貿易地圖上得到全面的了解；像這麼多堅果一樣，它們需要佐以一小撮鹽才好吃。許多較小的貿易路線和生產地點沒有顯示在這裡，因此我們得到的圖像可靠性只能仰賴蒐集到的數據。然而，只要明白了這一

腰果的主要貿易路線是由西非到亞洲。

點，它們會是我們快速掌握全球市場發展狀況非常有效的工具。國際堅果暨果乾委員基金會似乎對現在以及未來的貿易是樂觀的，自 2004 年以來，堅果的消費量增加了 56%，花生消費量上升了 33%。雖然該基金會的工作似乎更加關注堅果而不是果乾，但他們也注意到，在過去二十年裡，我們也吃進了更多的果乾，同時促成生產和消費量的大幅上漲。

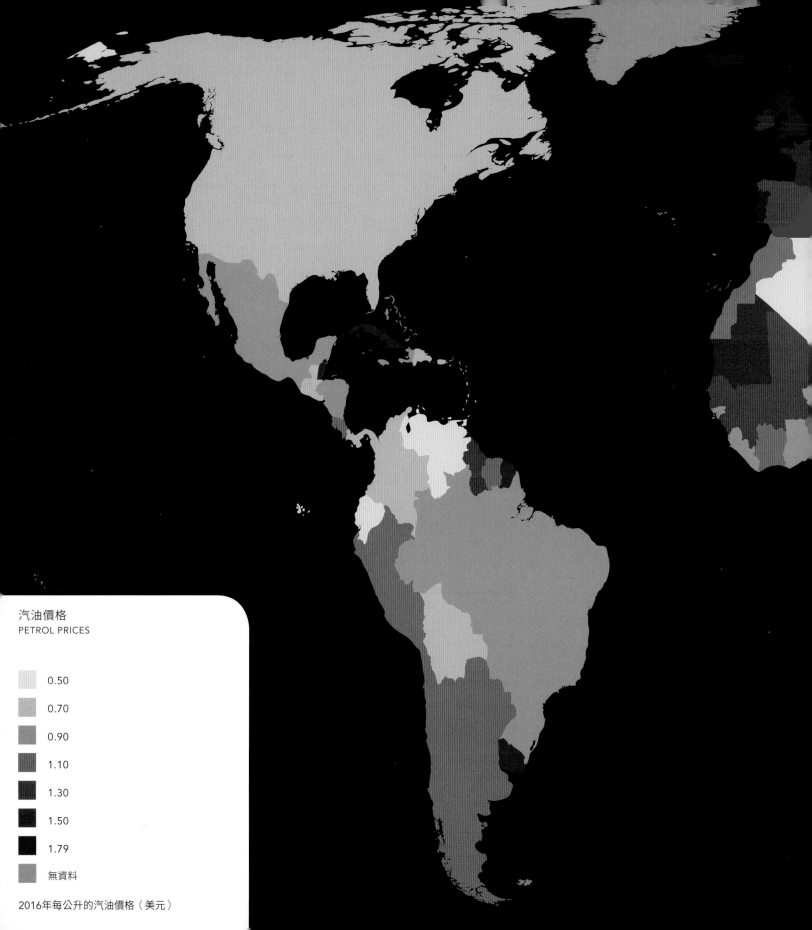

汽油價格
PETROL PRICES

- 0.50
- 0.70
- 0.90
- 1.10
- 1.30
- 1.50
- 1.79
- 無資料

2016年每公升的汽油價格（美元）

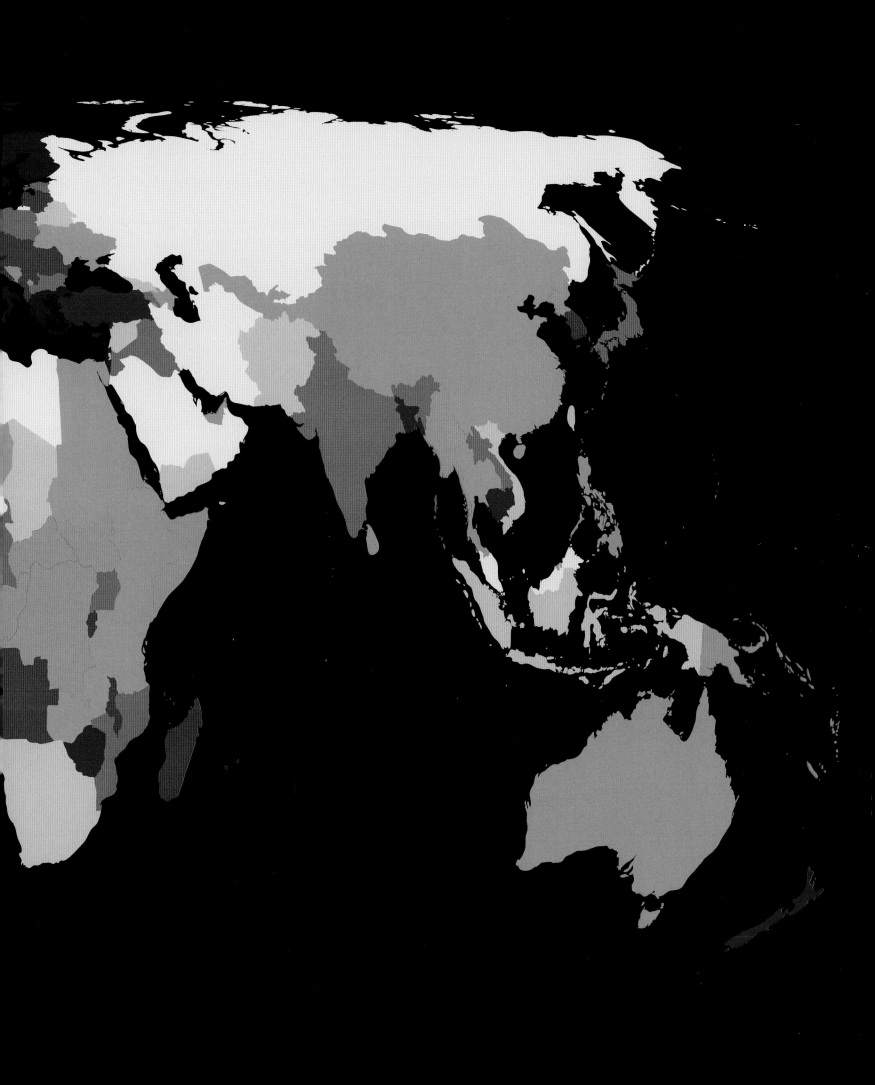

看到這幅地圖，人們就會明白為什麼汽油走私是一件大事。土耳其和伊朗或芬蘭和俄羅斯之間的汽油價格差異，大到足以誘使人們祕密地進口汽油或跨越邊界去加油。

在芬蘭，「汽油遊客」就是因應俄羅斯的汽油價格大約只有一半的事實而生。非洲大部分地區的汽油價格高昂似乎有點奇怪；大家會覺得油價在例如芬蘭這樣的富裕國家會高昂是合理的，因為芬蘭人繳交了大筆稅收，而且大部分的錢都交給政府。但是世界有些油價最高的地方卻是最貧窮的地方。非洲最貧窮的國家往往是內陸國家，需要高昂的運輸費用。據估計，在貝南（Benin）銷售的燃料中，75% 是從奈及利亞走私而來，而這些燃料在奈及利亞價格卻只有貝南的一半；相同的例子，多哥（Togo）和布吉納法索（Burkina Faso）的燃料則是走私分子由迦納（Ghana）取得的。

政府對這個議題的態度反反覆覆，這是政客容易操縱的政治槓桿之一，拉動一邊，所得就會增加，拉動另一端，自己就會受民眾愛戴。安哥拉（Angola）是石油出口大國，汽油價格因此曾經十分低廉，但政府決定終止這一政策。如今，高昂的油價阻擋了該國與鄰國之間有利可圖的走私貿易（中非國家的汽油價格往往非常高）。汽油是一種民生必需品，價格上漲可以讓人民走上街頭，造成政局與社會的不穩定。2012 年，奈及利亞的新政府試圖停止汽油補貼和放鬆價格管制，因此宣布一個新的高油價政策。奈及利亞是石油生產大國，所以人民覺得這只是另一個政府要剝削他們的做法。結果引起一場大罷工，隨後又發生騷亂。最後政府只好投降，現在，正如地圖所示，奈及利亞享有相對便宜的汽油價格。

油價最低的國家是委內瑞拉，2014 年汽油每公升 0.008 美元。政府讓油價保持非常低廉，儘管價格在 2016 年升至 0.02 美元。這個增長幅度雖然很大，但還是遠遠低於約每公升 0.6 美元的美國和每公升 1.50 美元以上的英國等地區。

挪威1.62美元

沙烏地阿拉伯0.24美元

義大利1.51美元

阿爾及利亞0.21美元

英國1.46美元

委內瑞拉0.02美元

三個石油價格最便宜與三個最
昂貴的國家。

但汽油價格的故事不是停在國家差異，科羅拉多州的汽油就比加州便宜，澳洲南部的阿得雷德（Adelaide）的汽油成本也遠低於澳洲中部的愛麗斯泉（Alice Springs）。汽油價格波動很大，且因地而異，這樣的狀況在未來幾年不太可能發生變化。

可食用昆蟲
EDIBLE INSECTS

0

1–5

5–10

10–25

25–50

50–100

100–200

200–300

>300

區域內可食用昆蟲的種類數

可食用昆蟲
EDIBLE INSECTS

　　過去十年讓人記憶最深刻的新聞頭條之一是：「未來五十年，昆蟲會變成大家的桌上菜餚之一。」想知道這個想法會不會成真，看看現在有哪裡的人們正在食用昆蟲就會知道。地圖顯示，食用昆蟲有高度地理習慣：某些國家食用很多品種的昆蟲，但有更大一群國家不吃或很少吃昆蟲。像在澳洲，地圖看起來好像吃蟲很常見，但是事實上，只有原住民會把昆蟲當做日常食物。一幅顯示有多少人吃昆蟲的地圖，看起來會與這幅指出被吃掉的昆蟲種類的地圖大不相同。

　　有幾種可食用昆蟲是我們知道的：例如龍舌蘭蟲（agave worm），它以龍舌蘭植物為食，可以在龍舌蘭酒（tequila）和梅斯卡爾酒（mezcal）的瓶底發現牠們安詳的躺著。在墨西哥，他們也吃油炸的龍舌蘭蟲，並裝罐販賣。全球範圍內，蟋蟀是最常見的食用昆蟲，在泰國就有 2 萬座蟋蟀養殖場。牠們可以油炸和燒烤，而且很多人說味道像烤堅果，我雖然啃過一些，但不得不承認當中的樂趣是酥脆嚼勁而不是味道。在吃蟲的世界裡，蝗蟲像蟋蟀一樣也被食用。據說先餵飽蝗蟲芝麻葉後再吃，味道會最好。

　　在一些不同的地方，人們也食用大量各種不同種類的螞蟻。哥倫比亞和巴西的切葉蟻（leafcutter ants）被描述具有「培根開心果」（baconpistachio）的味道，而在亞馬遜發現的檸檬蟻（lemon ants），則是因為其具柑橘味道，且聽起來很開胃的原因而命名。

　　這幅地圖的數據源自荷蘭瓦赫寧恩大學（Wageningen University）的伊德‧尤基瑪（Yde Jongema）編輯的 2,040 種食用昆蟲。他的工作顯示，全世界被食用的最大宗昆蟲群是甲蟲和象鼻蟲（weevils），之後才是毛蟲。

　　食蟲性（entomophagy）或是吃蟲，都正被吹捧為下一個巨大的飲食現象。不斷增加的人口和其他形式蛋白質生產（特別是畜牧業所需的飼料和土地數量）所造成的環境損失，使人們注意到昆蟲有餵養人類的潛力。富含蛋白質、

15

蜘蛛

302

螞蟻、蜜蜂與黃蜂

35

蒼蠅

634

甲蟲

32

蟑螂

359

毛蟲

主要可食用昆蟲的種類數。可以食用的甲蟲種類遠比任何可食用昆蟲來得多。

含有許多其他微量元素、能大量繁殖，許多還都能抗旱，養殖所需用水比其他類型的動物要少得多，昆蟲農場占地也很小，再加上大約一公斤的動物飼料可以產生比牛肉蛋白質多出 12 倍的蟋蟀蛋白質，這些在在顯示食用昆蟲的好處。

有什麼不一樣的？也許這個問題的答案很明顯。在那些食用昆蟲的國家，比起主食，昆蟲更像是愉快的零食；而在那些不吃昆蟲的地方，人們被迫把昆蟲當食品的想法是因為世界太擁擠了，但這會讓放在盤子上的油煎甲蟲看起來比較沮喪。倡導者喜歡與壽司進行比較，說壽司曾經在西方被認為是荒唐的食物，但是現在在世界各地，人們甚至以壽司當做主食，飽餐一頓。他們說：如果我們可以被說服來吃生魚，就可以被說服來吃昆蟲。對這個說法我持懷疑的態度，不過，也許有一天我會發現自己是錯的。

槍枝
GUNS

	<5
	5–10
	10–30
	30–50
	50–75
	>75
	無資料

私人擁有的槍枝數量，2007年資料

槍枝 GUNS

私人擁有小型武器的數量說明了一個國家擁有槍枝的文化。地圖上最黑暗的陰影顯示，每百名居民中有 75 種以上的小型武器。在美國，每百人有大約 80 把槍，由於美國人口如此龐大，所以全世界 42% 的民用槍枝都是美國人擁有的。這些槍枝呈現不均勻分布，美國成年人中有 3% 被稱為「超級擁槍者」（super-owners），每人大約收集了 17 把槍。

阿拉伯半島國家（葉門很突出）、其他一些美洲國家（特別是加拿大）和西北歐國家，雖然擁槍的狀況比較溫和，但仍然是相對較高擁槍率的地區。另外，也許西北歐國家是地圖上最令人驚訝的地方。還有，雖然瑞士的擁槍法律幾乎和美國一樣自由，但是在瑞士的擁槍人數卻明顯低於美國，不過保守估計仍然有約 25%。儘管槍枝法律相當嚴格，法國、德國和斯堪地那維亞國家中，個人也持有很多槍枝。

解釋在歐洲的高槍枝數量，有部分是來福槍和體育射擊用槍。在那些地方，人們的槍枝是收集或是繼承而來，有些是為了打獵。例如在德國，有大約 30 萬人收集槍枝，90 萬人繼承槍枝，150 萬名體育射手，以及多達 40 萬名獵人，這些都是大數字，他們認為槍枝不是用來攻擊或防禦的，而是因為其他原因；這反過來又有助於解釋為什麼德國有大量的槍枝，槍枝犯罪卻很少。

非洲、南亞和東亞地區私人擁有槍枝的比例很低，顯示出那些地區武器的個人所有權是很少見的。不過，我們要語帶保留：這並不表示那些國家槍枝暴力很少或私有槍枝也較少。

在許多地方，大多數槍枝在軍隊或民兵手中，這些槍通常可以在人民的住所裡找到，但是為了這幅地圖的目的，這些槍枝不列入計算。所以，例如在以色列，許多軍事人員將政府擁有的槍枝放置在自家中，這些都是真正的武器，這些私有小型武器並沒有顯示在這幅地圖上。

有時，私人和軍事用途的區別很難界定。例如，官方數據告訴我們，阿

美國
每百人中有80人

葉門
每百人中有54.8人

冰島
每百人中有30.3人

德國
每百人中有30.3人

槍枝犯罪率高與低的各兩個國家，及其槍枝與人口的比例。

富汗擁有的槍枝量相對較少，但是新聞報導卻說：阿富汗「充斥」著武器，還有很多無執照的美國武器也在該國失蹤。因為人們將槍枝隱藏起來，不聲明擁有，所以往往很難追蹤。世界槍枝所有權地圖雖然告訴我們很多事，但並沒有告訴我們所有事。

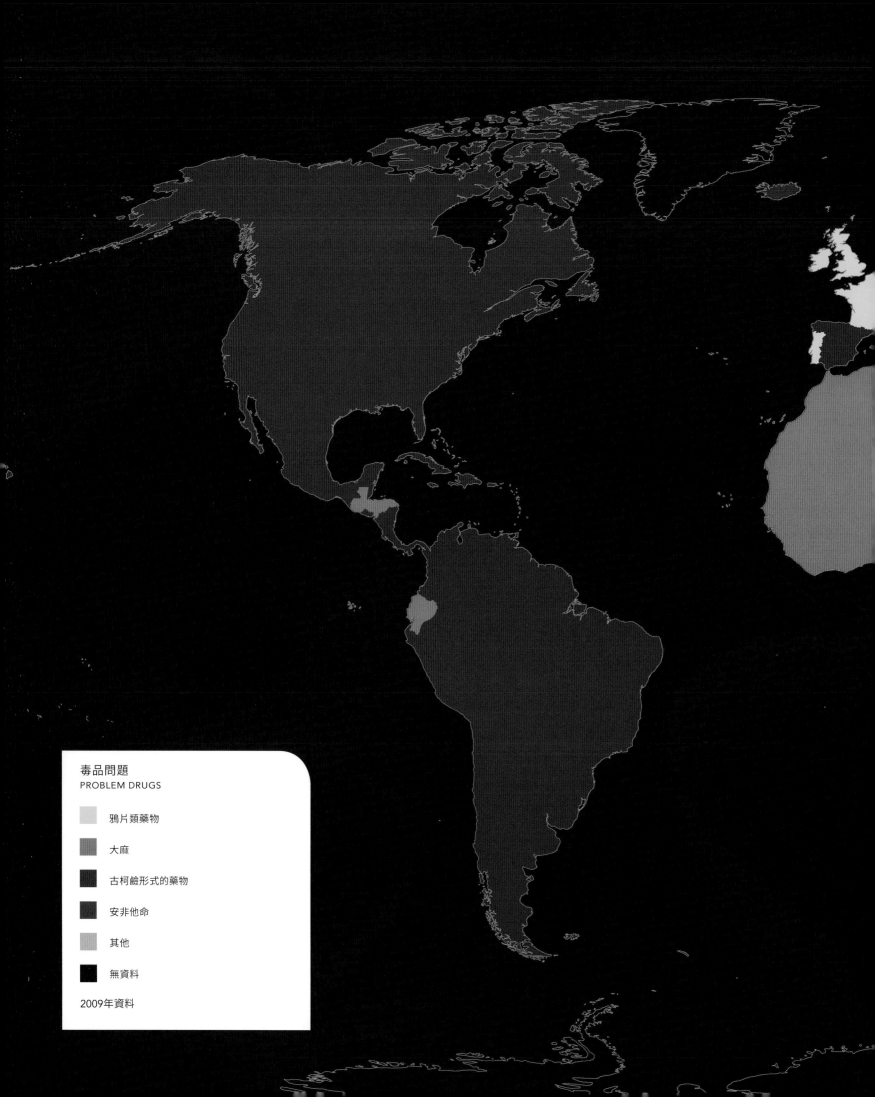

毒品問題
PROBLEM DRUGS

鴉片類藥物

大麻

古柯鹼形式的藥物

安非他命

其他

無資料

2009年資料

毒品問題

　　毒品使用習慣也可以是區別各大陸的方式之一。從加拿大到阿根廷的美洲大陸偏好古柯鹼，毫無疑問是因為世界上幾乎所有的古柯葉供應都來自那裡（大部分來自三個國家：玻利維亞、哥倫比亞和祕魯）。相較之下，歐洲和亞洲的主要毒品是鴉片劑。然而，在沙烏地阿拉伯和日本的安非他命使用，也有些當地的色彩；而西班牙與南美洲的顏色相同，反映出他們的古柯鹼問題還有關聯性。

　　這幅地圖是根據聯合國世界毒品報告（UN World Drug Report）的資料繪製而成。該報告專門針對「治療需求」方面的毒品問題進行分析與調查。這意味著，它反映出毒品被認為一種醫療與社會問題，還有它們實際上使用範圍的指標。

　　誠然，這是一份廣泛的報告，並掩蓋了一些巨大的差異。其中之一是，在北美最嚴重的毒品問題在古柯鹼，但是其他三種毒品的治療比率也分別大約占了 20%。古柯鹼在中南美洲是主要的毒品，相形之下，鴉片類藥物在那裡的問題就小得多。

　　海洛因是使用最廣泛的鴉片類藥物，海洛因的使用解釋了亞洲和歐洲呈現大片綠色的原因。以海洛因為主，部分是因為世界上大多數非法鴉片種植是在亞洲，特別是巴基斯坦、緬甸、泰國和阿富汗。海洛因造成的問題大小與實際使用的人數是失衡的，這個差異在世界各地的估計數字在 900 萬到 1600 萬之間。但相較於吸大麻的人數（官方統計大約 1 億 8000 萬，但人數可能更多），這不過是小巫見大巫。

　　以總體趨勢來看，西方的毒品使用量是下降的，包括最危險以及昂貴的毒品，如古柯鹼和海洛因；但相反的，包括非洲大都市的其他地方使用量卻是升高的。這幅地圖的驚人特徵之一是，它指出了一個受低估的議題：非洲的大麻問題。非洲生產世界上最多的大麻，聯合國對非洲大麻生產的描述為：「普遍

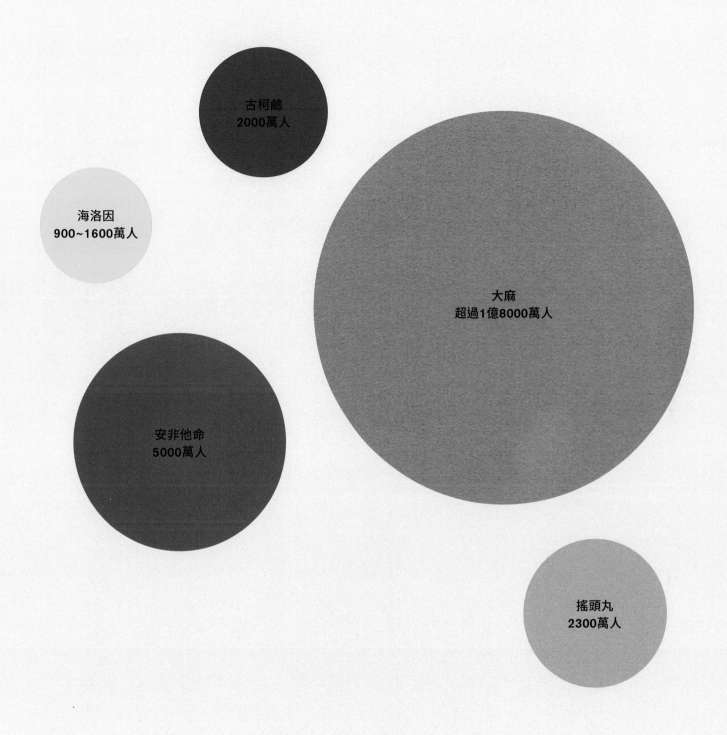

古柯鹼
2000萬人

海洛因
900~1600萬人

大麻
超過1億8000萬人

安非他命
5000萬人

搖頭丸
2300萬人

毒品使用人數。這個官方的數據有可能低估了實際狀況。

的」。隨著非洲走向大麻合法化，特別在南非，對其毒品問題的狀態可能會改善。然而，值得提醒的是，這是從尋求治療觀點出發的地圖：以此假設大麻將因為合法化而不再成為毒品是不明智的。

糖攝取量
SUGAR CONSUMPTION

<15

16–30

31–45

46–60

61–75

76–100

>100

無資料

每人每天平均公克數

這個世界愛吃甜點的人分布並不平均。美洲、歐洲、俄羅斯以及中東地區的大多數人都喜歡甜食，非洲和東亞的大部分國家對甜食則沒那麼喜愛，但並不是那裡的人不喜歡吃糖，而是有其他經濟和文化因素的禁阻，所以讓他們即使有糖也不能吃。

一個典型的俄羅斯人或美國人每天的消費量要比一般中國人多幾倍。據推測，東亞地區的熱茶飲用量使得人們對甜品口感更加敏感，因此不太可能食用太多的糖。然而，這幅地圖顯示，像泰國這樣喝熱茶的社會，糖攝取量也很高，所以應該是有其他運作中的因素造成亞洲人的糖攝取量偏低。

傳統上，糖是一種昂貴且非必要的食材，所以窮人往往沒有什麼機會可以吃到糖。隨著社會日益富裕，人們的口味也會變得更嗜甜；甜蜜早已成為了財富的代名詞。從另一方面來看，事實上越來越多工業化生產的加工食品添加了越來越多的甜味劑，因為甜味是讓食物更加美味的廉價方法。

在這幅地圖上標示出的糖攝取量，並不是來自我們從外觀就可以辨識出來的糖，例如巧克力棒，反而大多數是來自包裝的醬汁、碳酸飲料和罐裝食品中的糖。

糖攝取的概況可能很快就會改變。傳統上攝入較少糖類的國家，口味正在發生變化。近年來，全球可可出現供應短缺的巨大壓力，原因之一來自於蓬勃發展的中國市場。中國的巧克力銷售量在過去十年之間已經翻了一倍。目前雖然亞太地區擁有世界人口的一半以上，但這裡的巧克力食用量卻遠不及全球的10%。中國平均每人食用的巧克力量還不到西歐人的5%，不過這種狀況勢必會改變。

同時，關於攝取太多糖有礙健康的警語正在削減西方對糖的消費。高糖攝取量與糖尿病和肥胖有關，所以這幅地圖才會由世界牙醫聯盟（World Dental Federation）——根據聯合國糧農組織（Food and Agriculture Organization of the United

19個國家的人民,每天每人平均攝取少於25公克的糖。

Nations)的數據——的成果而得出。由於人們在世界某些地方吃的糖變少,在其他地區,如東亞和非洲,吃的糖變多,所以,留存至 21 世紀的糖消費地理差異,很有可能即將消失。

地圖投影法

《New Views 地圖大數據》使用四種不同的地圖投影方法，還有一種新的和弦圖呈現方式。我們大部分利用羅賓森（Robinson）與埃克特第四（Eckert IV）投影法。以下是對不同方法的描述，並列出哪一幅地圖使用了哪一種投影法。

羅賓森投影法：這種地圖投影法通常用於主題繪圖。它是等面積投影（equal area projection）和正形投影（conformal projection）之間的折衷投影法，這種投影法越到兩極會越呈現出變形的結果。

埃克特第四投影法：一種等面積投影，會扭曲赤道附近的規模。常用於教育和專題地圖繪製。

高爾平射投影法（Gall Stereographic，或譯球面投影）：這是一種圓柱投影法（cylindrical projection），會由北緯與南緯 45 度的地方往南北極漸漸變形失真。常用於世界地圖冊。

可利投影法（Plate Carrée）：這是一種等距柱狀（equirectangular）投影法，其中所有的經緯線都以正確的角度交叉，用來簡單呈現世界地圖。

羅賓森投影法
ROBINSON

小行星的撞擊

自然災害脆弱性

溫度異常

降雨量改變

水緊迫

核能與可再生能源

最多有毒動物的國家

受忽略的熱帶疾病

和平程度

鳥類多樣性

人均生態足跡

語言多元性

總生育率

宗教多元性

肥胖程度

移民數量

移居美國的人口

城鄉距離

槍枝

毒品問題

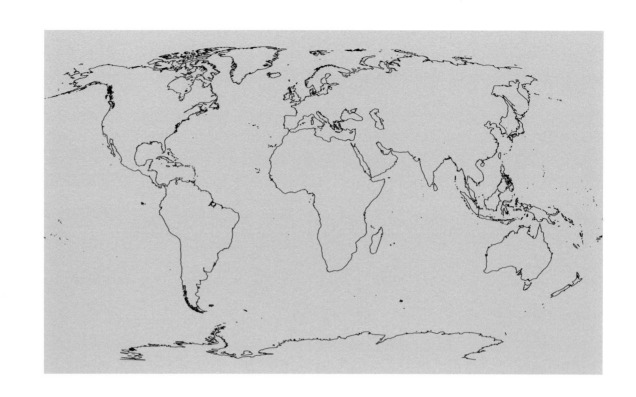

埃克特第四投影法
ECKERT IV

地殼回彈

火災活動

閃電

兩棲類動物的多樣性

螞蟻

幸福程度

極度瀕危的語言

汽油價格

可食用昆蟲

糖攝取量

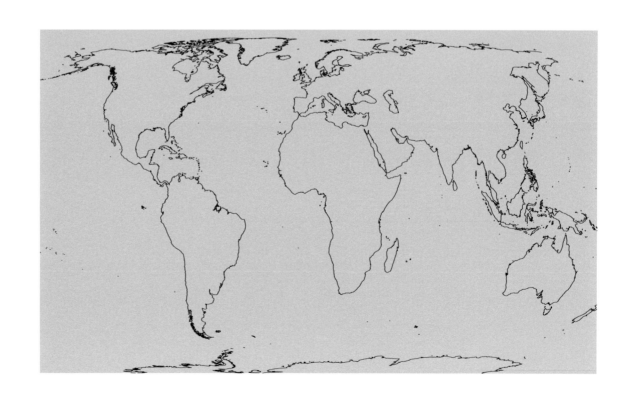

高爾平射投影法
GALL STEREOGRAPHIC

空氣汙染

太陽能

世界人口的百分之五

美國連鎖速食店

國際堅果貿易

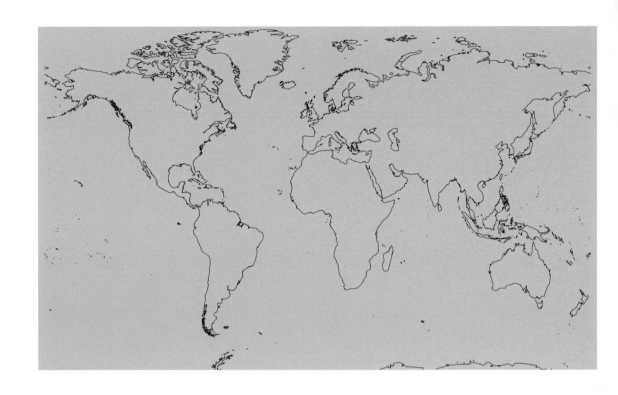

可利投影法
PLATE CARRÉE

森林：消失與增加

未知的海洋

海底大探險

海底電纜

地球夜景圖

推特關係

海運航線

能量通量

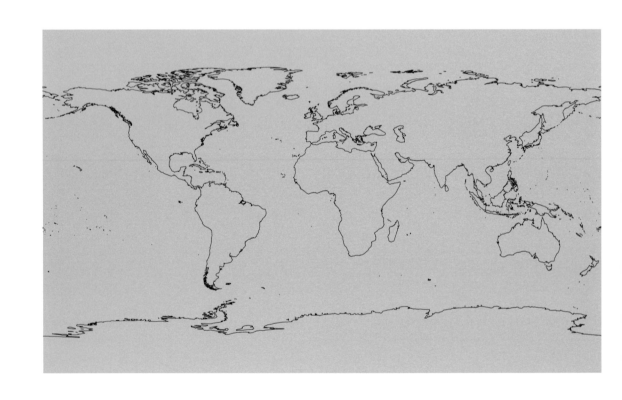

可利投影法，
以太平洋為中心
PLATE CARRÉE, PACIFIC
CENTRED

海洋垃圾
海平面的變化

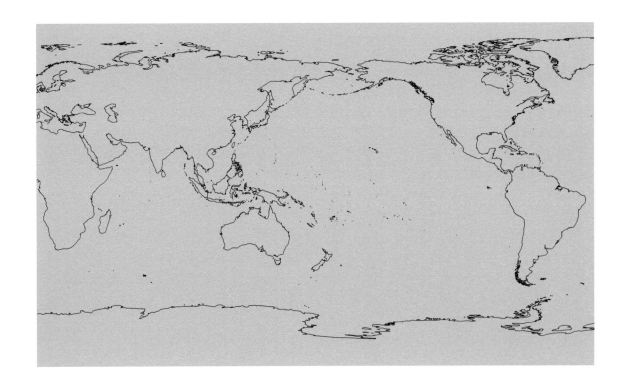

埃克特第四投影法，
以太平洋為中心
ECKERT IV,
PACIFIC CENTRED

無主世界
浮標

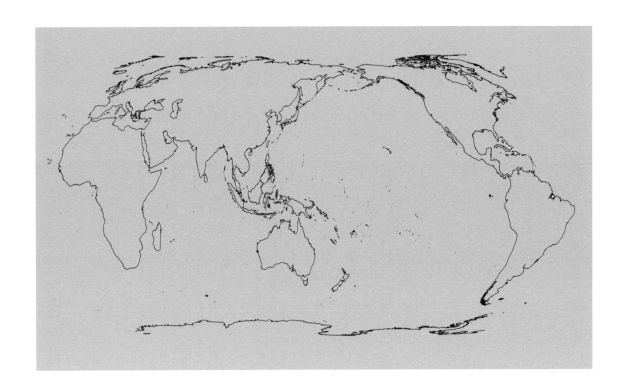

Fire activity
NASA, Fire Information for Resource Management System, https://earthdata.nasa.gov/earth-observation-data

Asteroid strikes
NASA, Center for Near-Earth Object Studies, https://cneos.jpl.nasa.gov

[this site replaces the Near-Earth Object Program Office website]

Vulnerability to natural disasters
Alliance Development Works, United Nations University, The Nature Conservancy, *WorldRiskReport 2012*, Alliance Development Works, Berlin, 2012. http://reliefweb.int

Institut für Raumordnung und Entwicklungsplanung, World Risk Index, http://www.uni-stuttgart.de/ireus/Internationales/WorldRiskIndex [R]

Forests: loss and gain
Hansen, M. et al, *Global Forest Change*, University of Maryland: Department of Geographical Sciences, https://earthenginepartners.appspot.com

Water stress
World Resources Institute, Water Stress by Country, http://www.wri.org

Water: Mapping, Measuring, and Mitigating Global Water Challenges., http://www.wri.org/our-work/topics/water

Pangea Ultima
Scotese, Christopher R. "Research", *PALEOMAP project*, http://www.scotese.com

Rebounding land
Milne, G. and Shennan, I. 'Isostasy: Glaciation-Induced Sea-Level Change', *Encyclopaedia of Quaternary Science*, 2nd Edn, Elsevier, New York, 2013, pp. 452-259.

UNESCO, High Coast / Kvarken Archipelago, http://whc.unesco.org

Nuclear energy and renewables
REN21, http://www.ren21.net [R]

Air pollution
NASA, Measurement of Pollution in the Troposphere, https://terra.nasa.gov/about/terra-instruments/mopitt

Solar energy
World Energy Council, Solar, https://www.worldenergy.org [R]

Temperature anomalies
Lynch, P. and Perkins, L. 'Five-Year Global Temperature Anomalies from 1880 to 2016', *NASA* https://svs.gsfc.nasa.gov

Air traffic
Grandjean, M. *Connected World: Untangling the Air Traffic Network*, http://www.martingrandjean.ch

The unclaimed world
United Nations, 'United Nations Convention on the Law of the Sea', http://www.un.org/depts/los/convention_agreements

Ocean rubbish
Maximenko, N. and Hafner, J. *Marine Debris*, International Pacific Research Center, 2010, http://iprc.soest.hawaii.edu/news

NOAA Marine Debris Program, https://marinedebris.noaa.gov [R]

Unknown oceans
Census of Marine Life, http://www.coml.org

Draining the oceans
Mitchell, H. 'Draining the Oceans, *NASA*, https://svs.gsfc.nasa.gov

Drifters
NOAA AOML Physical Oceanography Division, The Global Drifter Program, http://www.aoml.noaa.gov

Lightning
NASA, Global Lightning Activity, https://earthobservatory.nasa.gov/IOTD

Undersea cables
TeleGeography, Submarine Cable Map, http://www.submarinecablemap.com

International Cable Protection Committee, https://www.iscpc.org

Sea level variations
Handleman, M. and Elkins, K. 'Earth's Rising Seas', *NASA*, https://svs.gsfc.nasa.gov

Precipitation change
European Centre for Medium-Range Weather Forecasts, http://www.ecmwf.int

Amphibian diversity
NatureServe, Global Amphibian Assessment: 2004-2014, http://www.natureserve.org/conservation-tools

Ants
Antsmap.org, GABI Visualization Tool, http://antmaps.org

Guénard, B. *The Global Ant Biodiversity Informatics Project*, https://benoitguenard.wordpress.com

Bird diversity
Biodiversitymapping.org, http://biodiversitymapping.org/wordpress

BirdLife International, Data Zone, http://datazone.birdlife.org

Countries with the largest number of venomous animals
Armed Forces Pest Management Board, 'Living Hazards Database', http://www.acq.osd.mil

Neglected tropical diseases
Centers for Disease Control and Prevention, Map: Global Overlap of Six of the Common NTDs, https://www.cdc.gov/globalhealth

Uniting to Combat Neglected Tropical Diseases, 'The London Declaration', http://unitingtocombatntds.org

Five per cent of the world's population
Galka, M. 'The Global Extremes of Population Density', *Metrocosm* http://metrocosm.com

Ecological footprint per capita
Henrie, G. 'World Ecological Footprint per Capita', *Situating the Global Environment*, http://dsarchive.lclark.io

Global Footprint Network, http://www.footprintnetwork.org [R]

Peacefulness
The Institute for Economics and Peace, Global Peace Index 2016, http://visionofhumanity.org

The Black Marble
NASA, Night Lights 2012 - The Black Marble, https://earthobservatory.nasa.gov/NaturalHazards

Carlowicz, M. 'Night Light Maps Open Up New Applications', *NASA*, https://earthobservatory.nasa.gov/NaturalHazards [R]

Linguistic diversity
Ethnologue: Languages of the World, https://www.ethnologue.com

Greenberg, J. 'The Measurement of Linguistic Diversity', *Language*, Vol. 32.1, Linguistic Society of America, Washington DC, 1956, pp. 109-115

Total fertility rate
CIA, Country Comparison: Total Fertility Rate, https://www.cia.gov/library/publications

United Nations, World Population Prospects 2015, https://esa.un.org

Religious diversity
Pew Research Centre, Global Religious Diversity, http://www.pewforum.org

Obesity
World Health Organisation, Prevalence of Obesity, Ages 18+, 2014 Both Sexes, http://gamapserver.who.int

World Obesity, http://www.worldobesity.org [R]

Happiness
Helliwell, J., Layard, R. and Sachs, J. *World Happiness Report 2015*, Sustainable Development Solutions Network, 2015, New York.

Royal Government of Bhutan, *The Report of the High Level Meeting on Wellbeing and Happiness: Defining a New Economic Paradigm*, The Permanent Mission of the Kingdom of Bhutan to the United Nations, New York, 2012.

Twitter relationships
Leetaru, K. *et al*, 2013 Mapping the Global Twitter Heartbeat: The Geography of Twitter, *First Monday*, 18, 5, http://firstmonday.org

US fast-food franchises
The Data Team, 'Fast-food Nations', *The Economist*, 2015, http://www.economist.com/fastfood [R]

Daszkowski, D. 'The Expansion of American Fast Food Franchises', *the balance*, 2017, https://www.thebalance.com [R]

Shipping routes
Globaïa, The Global Transportation System, 2013, http://globaia.org

Anon., 'Free Exchange: The Humble Hero', *The Economist*, 2013, http://www.economist.com/news

Energy flux
Globaïa, A Cartography of the Anthropocene, http://globaia.org

Number of migrants
United Nations, International Migrant Stock 2015: Maps, http://www.un.org/en/development

Flow of people
Sander, N., Abel, G. and Bauer, R. *The Global Flow of People*, http://www.global-migration.info

Vienna Institute of Demography, http://www.oeaw.ac.at

People living in the US born outside the US
Pew Research Center, Origins and Destinations of the World's Migrants, from 1990-2015, http://www.pewglobal.org

Remoteness from city
Nelson, A. *Travel Time to Major Cities: A Global Map of Accessibility*, Office for Official Publications of the European Communities, Luxembourg, 2008, http://forobs.jrc.ec.europa.eu

Critically endangered languages
Moseley, C. *Atlas of the World's Languages in Danger*, UNESCO Publishing, Paris, 2010, http://www.unesco.org/culture

World nut trade
International Nut and Dried Fruit Council, 2014/2015 World Nuts & Dried Fruits Trade Map, http://www.nutfruit.org

Petrol prices
Emerson, K. 'Map of the Week: Oil Prices! See how the cost of oil has changed across the globe from 2014 to 2016', *American Geographical Society*, 2016, http://americangeo.org

Edible insects
Jongema, Y. 'List of Edible Insects of the World (April 1, 2017)', *Wageningen University & Research*, 2017, http://www.wur.nl

Guns
Small Arms Survey, http://www.smallarmssurvey.org

Geneva Graduate Institute of International Studies, Privately Owned Guns per 100 Residents, 2007, http://graduateinstitute.ch

Myers, J. 'This is What Gun Ownership Looks Like Around the World', *World Economic Forum*, 2016, https://www.weforum.org [R]

Problem drugs
Guardian Datablog, The World in Drugs Use 2009, *The Guardian*, 2009, https://www.theguardian.com/news

United Nations Office on Drugs and Crime, World Drug Report 2016, http://www.unodc.org [R]

Sugar consumption
World Dental Federation, *The Challenge of Oral Disease: A Call for Global Action: The Oral Health Atlas*, 2nd Ed., FDI World Dental Federation, Geneva, 2015, http://www.fdiworlddental.org

[R] indicates resource only

資料來源 CREDITS

10-11 J. G. Pausas and E. Ribeiro, 2013, Global Ecology and Biogeography; 13 Reto Stockli, NASA's Earth Observatory Team, using data courtesy the MODIS Land Science Team at NASA Goddard Space Flight Center; 14-15, 17 Planetary Defense Coordination Office, NASA Headquarters; 18-19, 21 © DW based on information provided by Bündnis Entwicklung Hilft, Berlin; 22-23, 25 © Hansen/UMD/Google/USGS/NASA; 26-27, 29 Gassert, F., P. Reig, T. Luo, and A. Maddocks. 2013. "Aqueduct country and river basin rankings: a weighted aggregation of spatially distinct hydrological indicators." Working paper. Washington, DC: World Resources Institute, November 2013. Licensed under CC BY 3.0; 30-31 © C. R. Scotese (U. Texas at Arlington), PALEOMAP; 33 Ziko-C / Public Domain; 34-35 Milne, G.A. and Shennan, I., 2013. Isostasy: Glaciation-Induced Sea-Level Change. In: S. Elias (Ed.), Encyclopedia of Quaternary Sciences (2nd edition). Elsevier, London, UK, pp. 452-459.; 37 © ESA/HPF/DLR; 38-39, 41 Maps on the Web http://mapsontheweb.zoom-maps. com/post/120939690653/percentage-of-electricity-produced-from-renewable; 42-43, 45 Abel, G. J., & Sander, N. (2014). Quantifying Global International Migration Flows. Science, 343(6178), 1520–1522. https://doi.org/10.1126/ science.1248676; 46-47, 49 © Copyright 2014 All Rights Reserved - Natura Eco Energy Pvt. Ltd.; 50-51, 53 NASA/ Goddard Space Flight Center Scientific Visualization Studio. Data provided by Robert B. Schmunk (NASA/GSFC GISS); 54-55, 57 Licensed under CC-BY-SA http://www.martingrandjean.ch/connected-world-air-traffic-network/; 58-59, 61 Licensed under CC BY-SA 3.0 cl; 62-63, 65 Nikolai Maximenko, International Pacific Research Center, School of Ocean and Earth Science and Technology, University of Hawaii; 66-67, 69 Ocean Biogeographic Information System. Intergovernmental Oceanographic Commission of UNESCO. www.iobis.org. Accessed: 2017-01-12.; 70-71, 73 NASA/ Goddard Space Flight Center Scientific Visualization Studio U.S. Department of Commerce, National Oceanic and Atmospheric Administration, National Geophysical Data Center, 2006, 2-minute Gridded Global Relief Data (ETOPO2v2) - http://www.ngdc.noaa.gov/mgg/fliers/06mgg01.html; 74-75, 77 Drifting buoy data courtesy of NOAA's Global Drifter Program; 78-79, 81 NASA Earth Observatory image by Joshua Stevens using LIS/OTD data from the Global Hydrology and Climate Center Lightning Team; 82-83, 85 AIMS, GBRMPA, JCU, DSITIA, GA, UCSD, NASA, OSM, ESRI; 86-87 © Contains modified Copernicus Sentinel data (2016), processed by ESA and CNES; 89 © ESA/CNES/CLS; 90-91, 93 Image courtesy of Dr. Sean Birkel; 96-97, 99 AmphibiaWeb Copyright © 2000-2017 The Regents of the University of California; 100-101, 103 Janicki, J., Narula, N., Ziegler, M., Guénard, B. Economo, E.P. (2016) Visualizing and interacting with large-volume biodiversity data using client-server web-mapping applications: The design and implementation of antmaps. org. Ecological Informatics 32: 185-193.; 104-105, 107 BirdLife International and Handbook of the Birds of the World (2017) Bird species distribution maps of the world. Version 6.0. Available at http://datazone.birdlife.org/species/ requestdis; 108-109, 111 Office of the Assistant Secretary of Defense for Energy, Installations and Environment (Armed Forces Pest Management Board) Living Hazards Database http://www.acq.osd.mil/eie/afpmb/livinghazards.html; 112-13, 115 U.S. Centers for Disease Control and Prevention; 116-17, 119 Original source http://io9.gizmodo.com/this-maps-red- and-blue-regions-each-contain-5-of-the-w-1719773481; 120-21, 123 Gabby Henrie, Lewis & Clark College Environmental Studies Program; 124-25, 127 Institute for Economics and Peace; 128-29, 131 NASA/Goddard Space Flight Center Scientific Visualization Studio U.S. Department of Commerce, National Oceanic and Atmospheric Administration, National Geophysical Data Center, 2006, 2-minute Gridded Global Relief Data (ETOPO2v2) - http://www.ngdc.noaa.gov/mgg/ fliers/06mgg01.html The Blue Marble Next Generation data is courtesy of Reto Stockli (NASA/GSFC) and NASA's Earth Observatory. The Blue Marble data is courtesy of Reto Stockli (NASA/GSFC); 132-33, 135 Ethnologue 18 linguistic diversity index BlankMap-World6.svg. Licensed under CC-BY-SA 3.0; 136-37, 139 Data from CIA world factbook; 140-41, 143 Copyright 2016 Pew Research Center; 144-45, 147 data © World Health Organisation data © World Health Organisation Reprinted from http://apps.who.int/bmi/index.jsp?introPage=intro_3.html; 148-49, 151 Helliwell, John F., Richard Layard, and Jeffrey Sachs, eds. 2015. World Happiness Report 2015. New York: Sustainable Development Solutions Network; 154-55, 157 Image courtesy of Kalev Leetaru; 162-63, 165 NOAA's SEAS BBXX database, from 14.10.2004 to 15.10.2005; 166-67 National Geospatial-Intelligence Agency, September 2000; 169 FELIX PHARAND- DESCHENES, GLOBAIA/SCIENCE PHOTO LIBRARY; 170-71, 173 Licensed under CC-BY-SA http://www.un.org/en/ development/desa/population/migration/data/estimates2/estimatesmaps.shtml?1t1; 175-76, 177 "The Global Flow of People" (www.global.migration.info) by Nikola Sander, Guy Abel & Ramon Bauer, published in Science in 2014 under the title "Quantifying global international migration flows"; 178-79, 181 United Nations Population Division; 182-83 © European Union, 1995-2017; 185 Created by David Marioni from the Noun Project; 185 Created by Yu Luck from the Noun Project; 186-87, 189 © 2016 – The Language Conservancy (this map is based on data from UNESCO & © UNESCO 1995-2010; 190-91, 193 INC International Nut and Dried Fruit Council; 194-95, 196 American Geographical Society © 2016. All Rights Reserved; 198-99, 201 Jongema, 2012; 202-203, 205 Licensed under CC1.0 Universal; 206-207, 209 Data from Mortality and Burden of Disease estimates for WHO member states in 2002; 210-11, 213 Food and Agriculture Organization of the United Nations, 2015, FDI World Dental Federation, "The Challenge of Oral Disease – A call for global action. The Oral Health Atlas. 2nd ed." http://www.nature.com/bdj/journal/v220/n9/full/sj.bdj.2016.322.html. Reproduced with permission.

誌謝 ACKNOWLEDGEMENTS

這本書是一群人共同努力的成果。奧蘭姆（Aurum）出版社的露西‧沃伯頓（Lucy Warburton）首先有了這本書的構想，而且不眠不休地投入這個計畫；拜琳‧柯里（Paileen Currie）出眾的設計讓《New Views 地圖大數據》變得精緻美麗。另外要感謝洛佛爾‧瓊斯（Lovell Johns）公司的製圖師繪製地圖，以及珍妮‧佩吉（Jenny Page）校正與編輯文字。還有新堡大學的林雯（Wen Lin）博士提供專業的勘誤與洞見，也在此一併致謝。

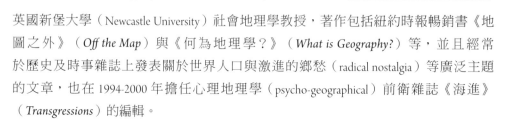

作者簡介

阿拉史泰爾‧邦尼特（Alastair Bonnett）

英國新堡大學（Newcastle University）社會地理學教授，著作包括紐約時報暢銷書《地圖之外》（*Off the Map*）與《何為地理學？》（*What is Geography?*）等，並且經常於歷史及時事雜誌上發表關於世界人口與激進的鄉愁（radical nostalgia）等廣泛主題的文章，也在 1994-2000 年擔任心理地理學（psycho-geographical）前衛雜誌《海進》（*Transgressions*）的編輯。

譯者簡介

顧曉哲

英國愛丁堡大學細胞生物學博士，大學時主修動物科學。曾追尋與目睹五次自然最美景色——北極光，旅居英國與芬蘭有十載，遊歷過二十幾個國家。本業為學術研究工作，業餘從事科普寫作、演講與翻譯，譯有《恐龍時代——侏儸紀晚期到白堊紀早期的古地球生物繪圖觀察筆記》。